44

JUNGE KUNST

MARC CHAGALL

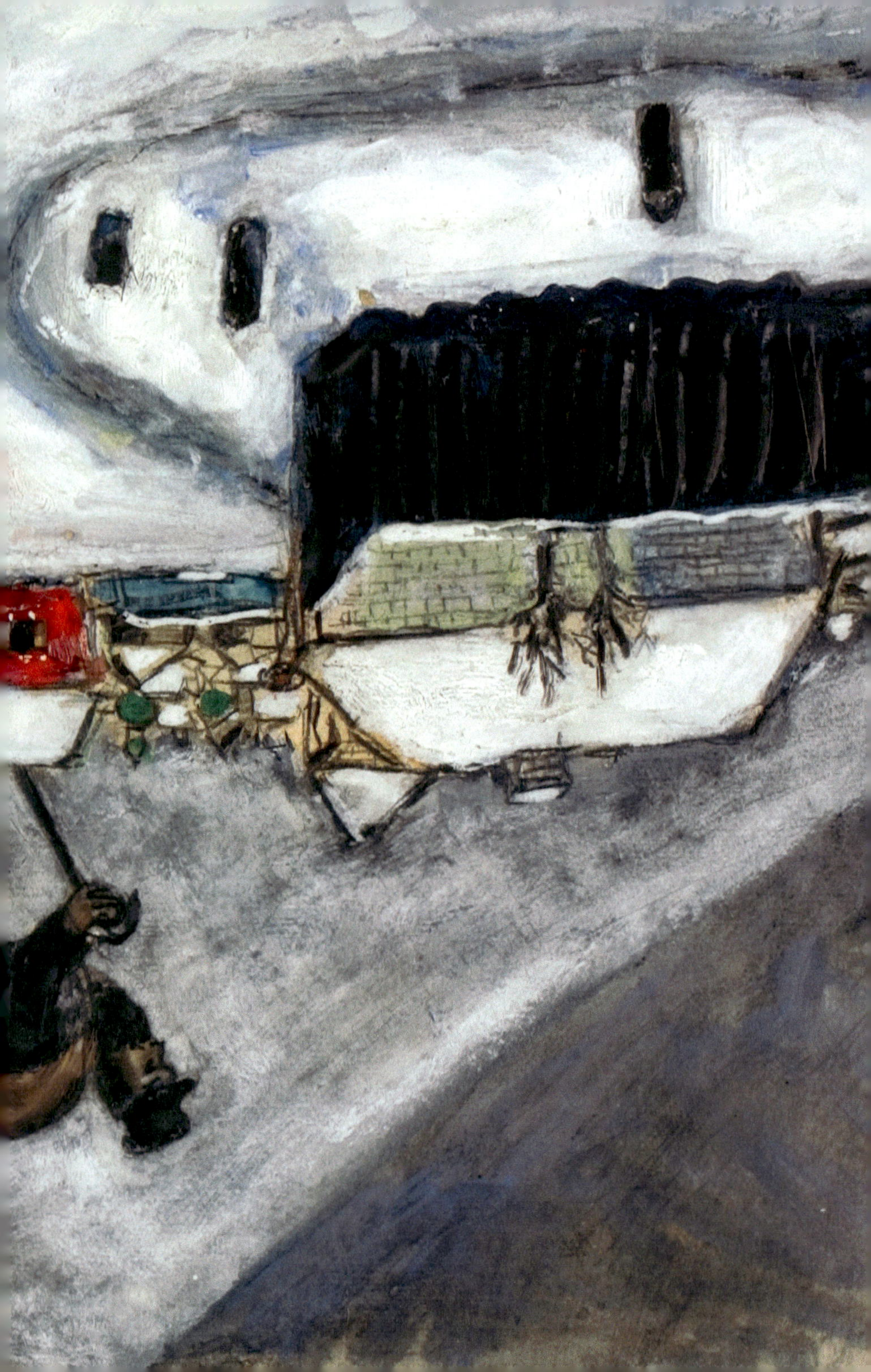

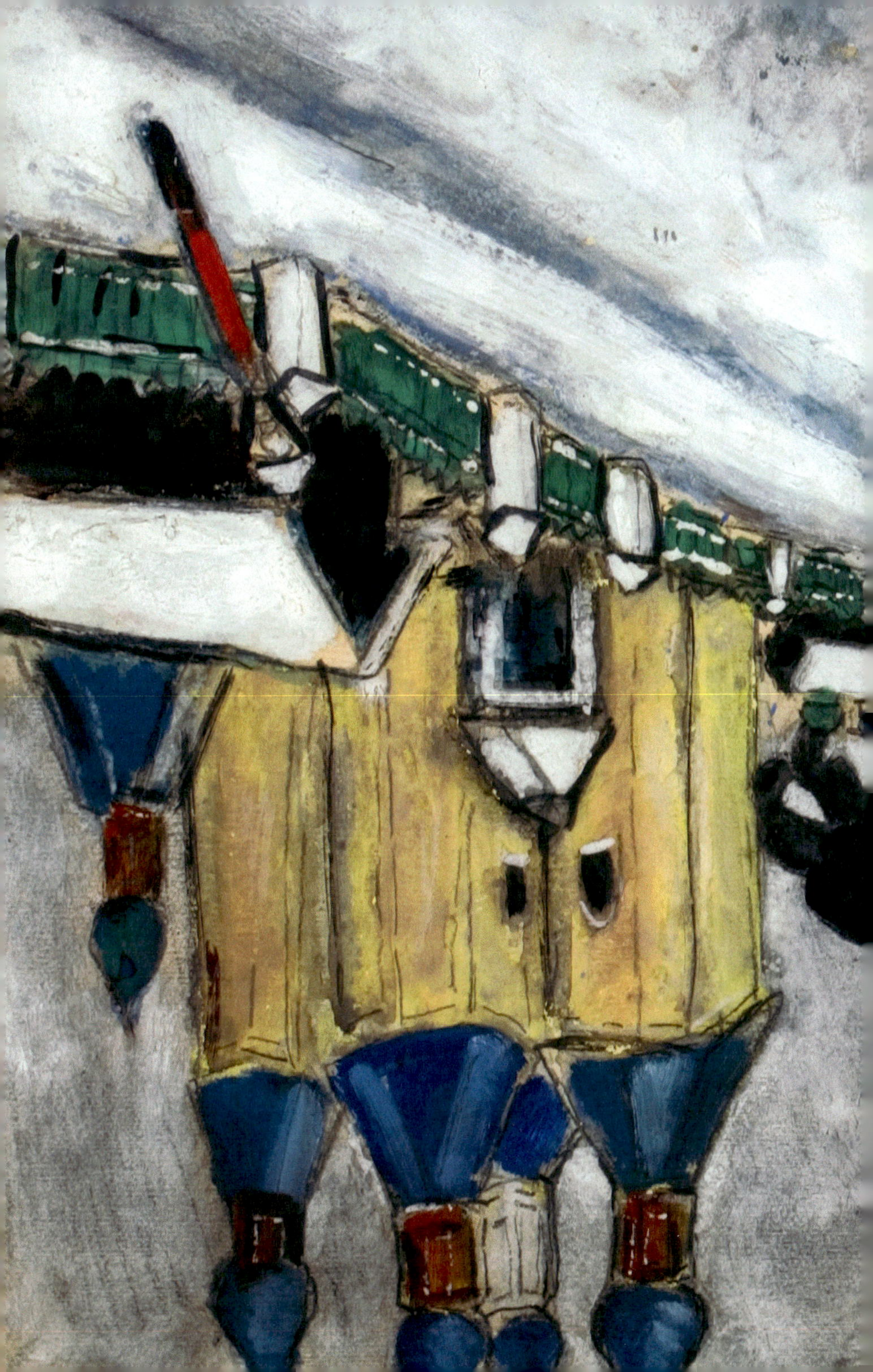

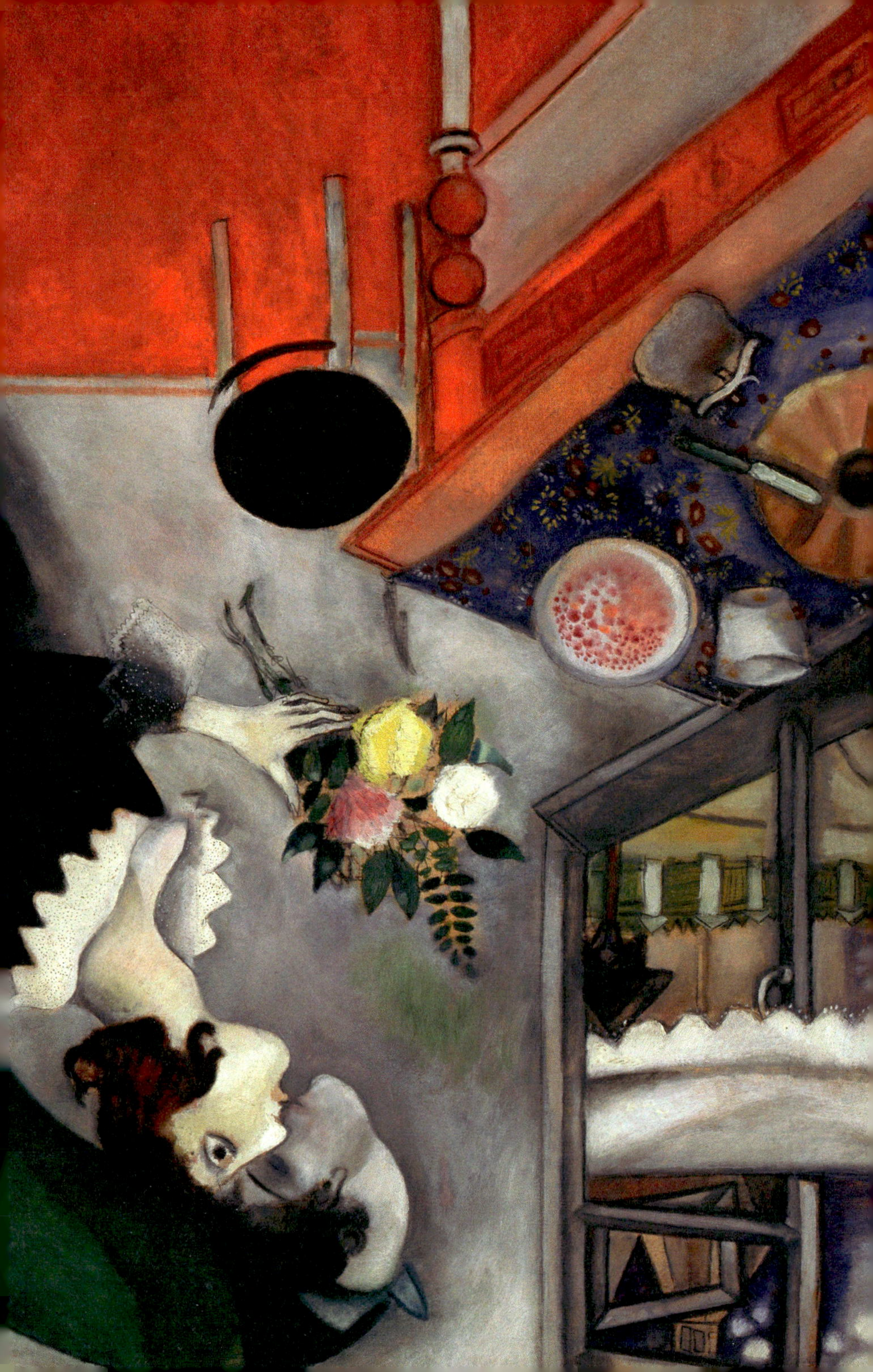

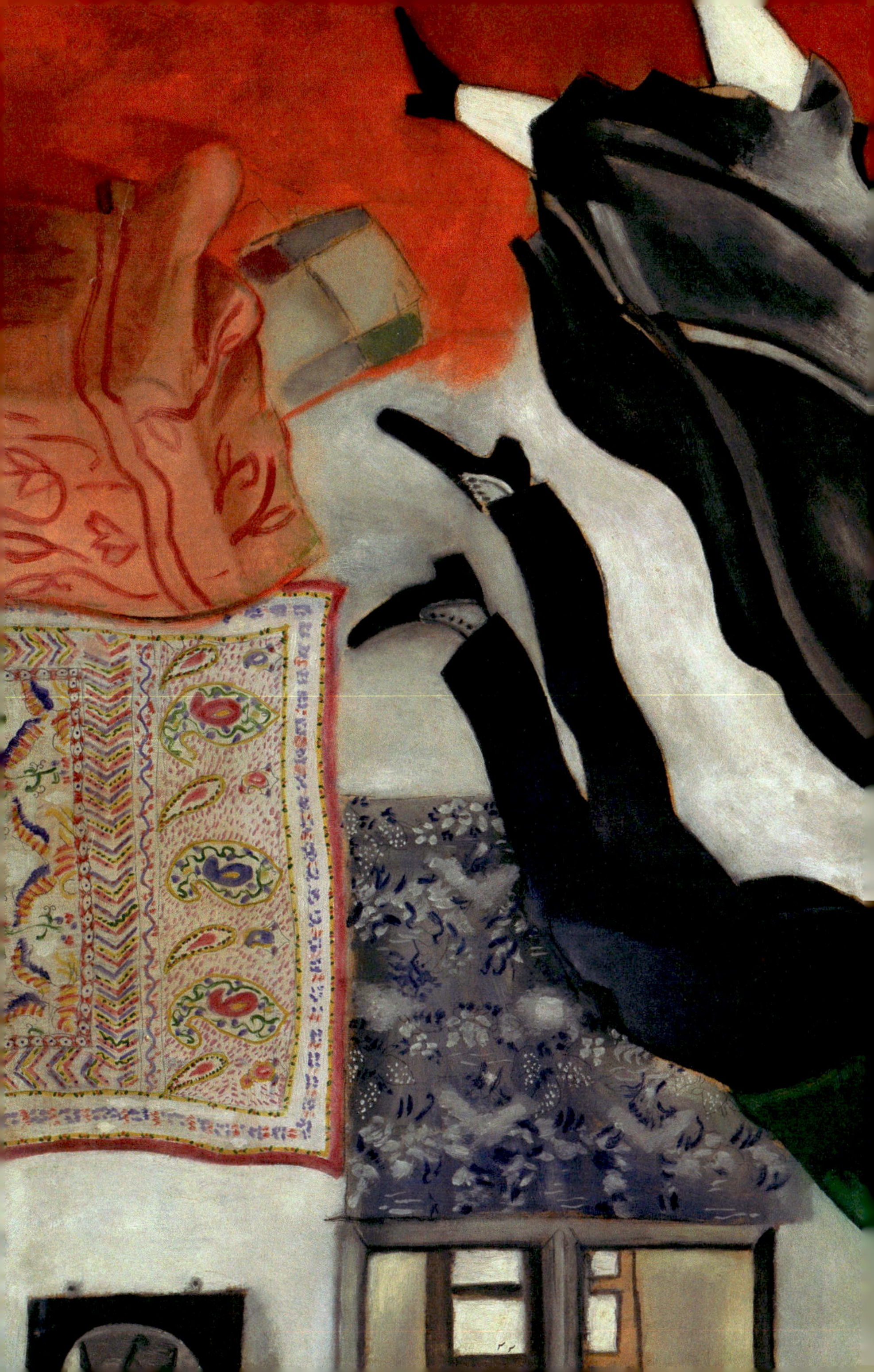

44

MARC CHAGALL

Ilka Voermann

KLINKHARDT
& BIERMANN

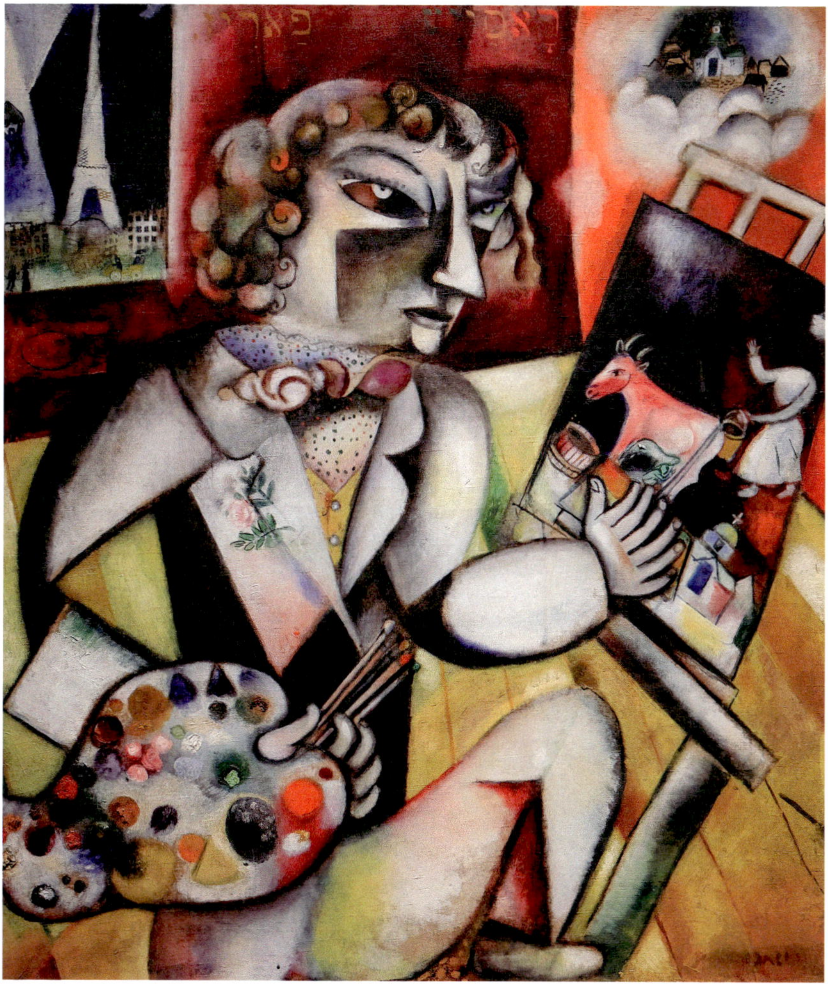

MARC CHAGALL

Selbstporträt mit sieben Fingern, 1912, Öl auf Leinwand, 132 × 93 cm, Stedelijk Museum, Amsterdam

INHALT

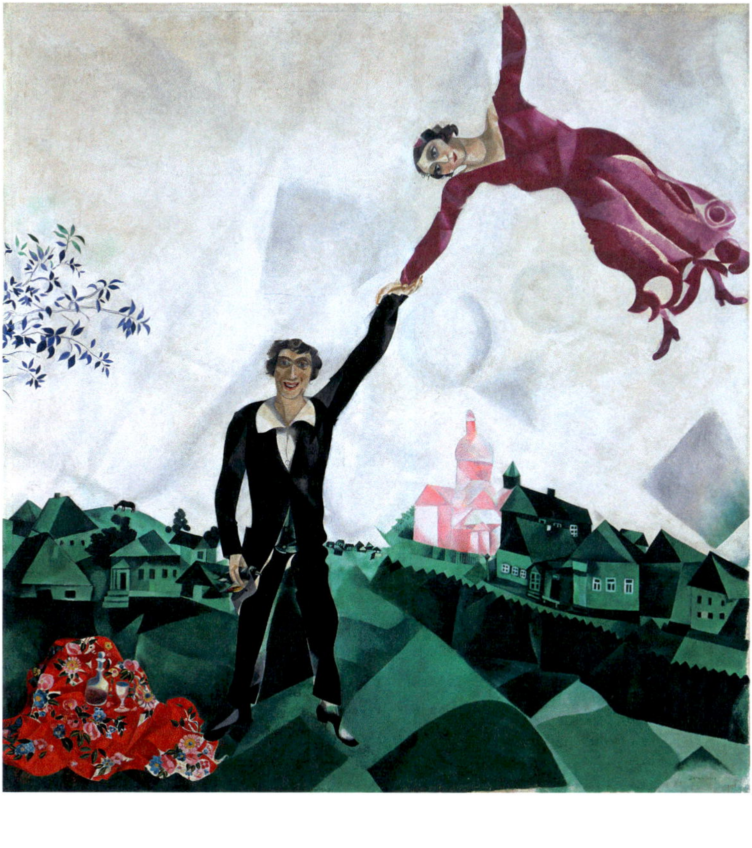

1 *Der Spaziergang*, 1917, Öl auf Leinwand, 170 × 163,5 cm,
Staatliches Russisches Museum, St. Petersburg

MARC CHAGALL – »NENNT MICH NICHT EINEN PHANTASTEN. IM GEGENTEIL, ICH BIN REALIST«[1]

Ilka Voermann

JUGEND UND AUSBILDUNG

»Ich habe dich lange nicht gesehen, meine geliebte Stadt, habe nicht von dir gehört, nicht zu deinen Wolken gesprochen, nicht an deinen Zäunen gelehnt. Als der schwermütigste Wanderer trug ich all die Jahre nur deinen Atem in meinen Bildern und sprach dadurch zu dir und sah dich in meinem Traum.«[2] Diese Zeilen schrieb Marc Chagall im Februar 1944 im US-amerikanischen Exil über seine Heimatstadt Witebsk. Der Ort seiner Herkunft ist aufs Engste mit Chagalls Kunst verbunden und wurde von ihm immer wieder ins Bild gesetzt. Witebsk blieb für den Künstler zeitlebens ein Sehnsuchtsort, die erinnerte Stadt seiner Kindheit und seines jungen Erwachsenenlebens, die er 1922 für immer verließ. Gleichzeitig waren die Erinnerungen an seinen Geburtsort für Chagall eine Quelle der Inspiration, von der er künstlerisch ein Leben lang zehrte.

Witebsk, das heute zu Belarus gehört, lag zum Zeitpunkt von Chagalls Geburt im Westen des Russischen Kaiserreichs. Nur hier, im sogenannten Ansiedlungsrayon, hatten Jüdinnen und Juden das Recht zu arbeiten und zu leben.

Entsprechend hoch war der jüdische Bevölkerungsanteil in den Städten und Dörfern – in Witebsk waren Ende des 19. Jahrhunderts mehr als die Hälfte der Einwohnerinnen und Einwohner jüdisch. Im Jiddischen werden Siedlungen mit mehrheitlich jüdischen Bewohnerinnen und Bewohnern als Schtetl – Städtchen – bezeichnet. Wie dieser Begriff lassen auch Chagalls Darstellungen Witebsk wie ein beschauliches Dorf mit windschiefen Holzhäusern und kleinen Gärten erscheinen. Tatsächlich zählte Witebsk Ende des 19. Jahrhunderts mehr als 60 000 Einwohnerinnen und Einwohner. Ganz aus der Luft gegriffen sind Chagalls Darstellungen allerdings nicht. Denn der Stadtteil Pesovatik, in dem die Familie des Künstlers lebte, war deutlich ländlicher geprägt als das Zentrum der Stadt. Geboren wurde Marc Chagall am 7. Juli 1887 als Moische Schagal. Den Vornamen Marc und auch die französische Schreibweise seines Nachnamens nahm er erst 1911 nach seiner Ankunft in Paris an.[3] Sein Vater Sachar arbeitete in einem Fischlager, während seine Mutter Feiga-Ita ein kleines Lebensmittelgeschäft führte. Chagall war das erste von neun Kindern. Das Leben und der Alltag der Familie wurden stark durch das chassidische Judentum geprägt. Zunächst besuchte er die traditionelle jüdische Primarschule (Cheder), anschließend ermöglichte ihm seine Mutter im Alter von 13 Jahren den Besuch der städtischen Schule. Für Chagall war der Besuch einer weiterführenden Schule ein großes Privileg. Hier lernte er, der bisher nur Jiddisch sprach, nicht nur Russisch, sondern entdeckte auch sein Talent für das Zeichnen. Nach Beendigung seiner Schulzeit war es wieder seine Mutter Feiga-Ita, die ihn um 1906 an der privaten Kunstschule des Malers Jehuda Pen anmeldete. Pen war ein klassischer Genre- und Porträtmaler und unterrichtete an seiner Schule Mädchen und Jungen gleichermaßen. Zu Chagalls Mitschülern gehörten unter anderem Ossip Zadkine, El Lissitzky und Viktor Mekler. Letzterer entstammte einer wohlhabenden jüdischen Familie und brachte Chagall erstmals mit dem kulturell gebildeten Milieu der russisch-jüdischen Oberschicht in Witebsk in Berührung. Gemeinsam mit Mekler entschied er sich bald, seine künstlerische Ausbildung in der Hauptstadt St. Petersburg fortzusetzen.

Für den angehenden Künstler gab es in St. Petersburg unglaubliche Möglichkeiten. Nicht nur die Sammlung der Eremitage und die Ausstellungen verschiedener Künstlervereinigungen, sondern auch die Theater boten ihm neue Eindrücke und Inspirationen. Allerdings wurde Chagalls Aufenthalt in St. Petersburg durch den Umstand erschwert, dass er sich illegal in der Stadt aufhielt. Als Jude benötigte er eine gesonderte Aufenthaltsgenehmigung, um in der Stadt leben zu dürfen. Erst nach Monaten der Unsicherheit konnte er schließlich

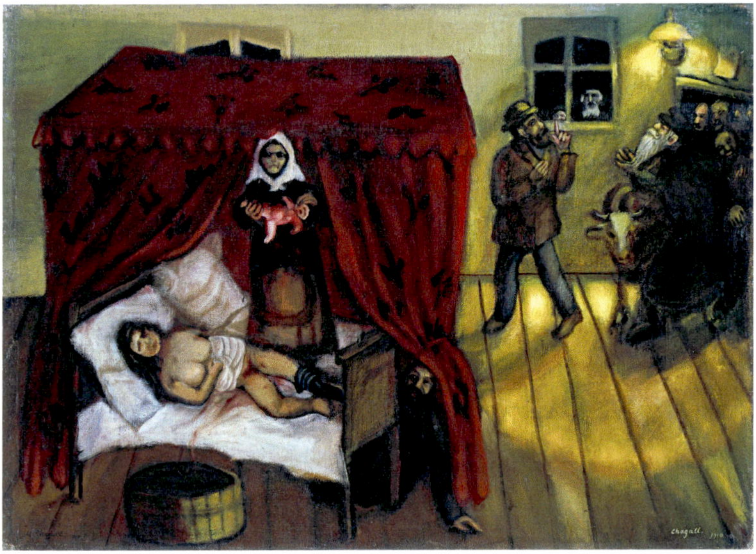

2 *Die Geburt*, 1910, Öl auf Leinwand, 65 × 89 cm, Kunsthaus Zürich

über eine Scheinanstellung als Hausdiener bei dem Anwalt Grigori Goldberg die benötigte Genehmigung erwirken. Seine künstlerische Ausbildung setzte er an der Schule der Kaiserlichen Gesellschaft zur Förderung der Künste fort. Im Frühjahr 1907 erhielt Chagall ein Stipendium, das ihm eine Grundsicherung seines Lebensunterhalts bot. In dieser Zeit lernte er eine Reihe weiterer wichtiger Förderer kennen, darunter Maxim Winawer, jüdischer Jurist und Abgeordneter des Unterhauses der Duma, und dessen Schwager Leopold Sev, der als Redakteur für die jüdische Zeitschrift *Woschod* tätig war.
Chagall kam zu einer aus künstlerischer Sicht fruchtbaren Zeit nach St. Petersburg. Um die Jahrhundertwende hatte ein Umwälzungs- und Erneuerungsprozess in der russischen Kunst stattgefunden, der insbesondere die Entwicklungen der französischen Avantgarde mit russischen Traditionen zu verbinden suchte. Wichtig für die Entwicklung war die Zeitschrift *Mir iskusstva* (Welt der Kunst) und die gleichnamige Künstlergruppe, die im ersten Jahrzehnt des 20. Jahrhunderts Ausstellungen in Moskau und St. Petersburg veranstaltete. Neue Impulse erhielt die russische Kunst ein Jahrzehnt später vor allem durch die etwas jüngere Generation der Malerinnen und Maler des Neoprimitivismus wie Michail Larionow und Natalja Gontscharowa, die von ihren Aufenthalten in Paris die kräftigen Farben und vereinfachten Formen des Fauvismus

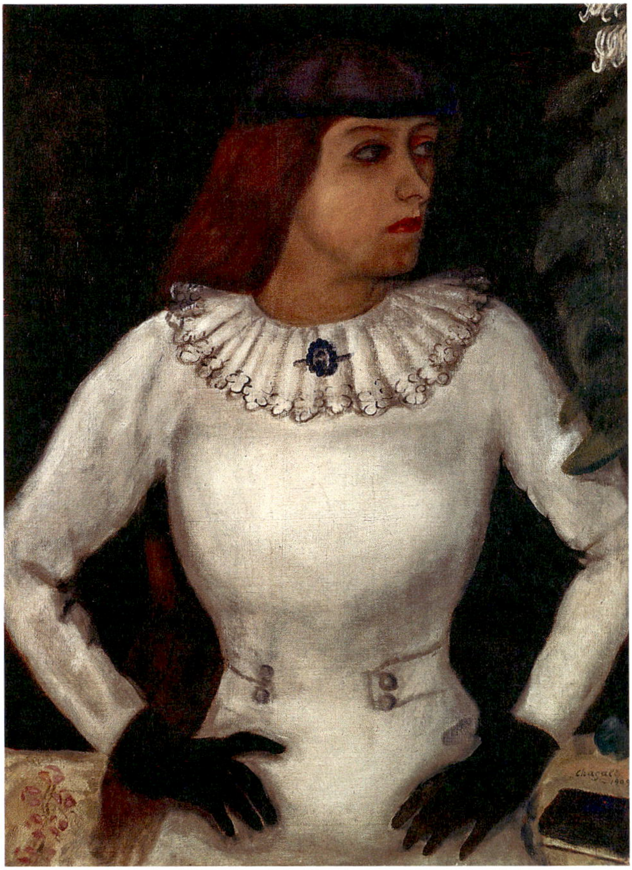

3 *Meine Braut mit schwarzen Handschuhen*, 1909, Öl auf Leinwand, 87,4 × 64,4 cm, Kunstmuseum Basel

mitbrachten. In diesem spannungsreichen künstlerischen Umfeld entstanden Chagalls ersten wichtigen Gemälde *Der Tod*, *Hochzeit in Russland* und *Die Geburt* (2), in denen er sich thematisch mit den essenziellen Stationen des menschlichen Lebens beschäftigte. In den in dunklen, erdigen Farben gehaltenen Gemälden finden sich bereits Elemente, die auch in seinen späteren Arbeiten eine zentrale Rolle spielen, wie die durch Witebsk inspirierte Szenerie und das Motiv des Geigers. Die Kompositionen sind noch einem realistischeren Stil verpflichtet, in den vereinfachten Formen zeigt sich aber bereits der Einfluss der französischen Avantgarde, die in Moskau und St. Petersburg immer bekannter wurde. *Der Tod* und *Hochzeit in Russland* zeigte Chagall im Frühjahr 1910 in einer durch die Swanzewa-Kunstschule organisierten Ausstellung, die in den Räumlichkeiten der Kunstzeitschrift *Apollon* stattfand. Die von der Künstlerin Jelisaweta Nikolajewna Swanzewa gegründete Schule, die dezidiert antiakademisch ausgerichtet war und sich der französischen Avantgarde verschrieben hatte, besuchte Chagall seit 1909. Zu seinen Lehrern zählte der Maler, Bühnen- und Kostümbildner Léon Bakst. Bakst gehörte im ersten Jahrzehnt des 20. Jahrhunderts zu den international bekanntesten russischen Künstlern. Sein Ruhm gründete sich auf den großen Erfolg, den er in Paris mit seinen Bühnenentwürfen für die Ballets Russes gefeiert hatte. Bakst brachte seinen Schülerinnen und Schülern vor allem die Kunst von Paul Gauguin, Henri Matisse und Maurice Denis nahe. Da Chagall nur sechs Monate bei ihm studierte, ist schwer auszumachen, wie groß sein künstlerischer Einfluss auf ihn war. In Bakst, der aus ähnlich einfachen Verhältnissen stammte, fand der angehende Künstler aber ein Vorbild für die eigenen Möglichkeiten. Am Beispiel seines Lehrers sah Chagall, dass auch er es als Maler im Westen schaffen konnte.

Während eines Besuchs in Witebsk 1909 lernte Chagall die zwei Jahre jüngere Berta Rosenfeld kennen, genannt Bella.[4] Sie wurde am 2. Dezember 1889 als jüngstes Kind und einzige Tochter von Samuel Noah Rosenfeld und seiner Frau Alta geboren, die in Witebsk ein Juweliergeschäft führten und zu den reichsten jüdischen Familien der Stadt zählten. Wie ihre älteren Brüder erhielt sie eine höhere Schulbildung. Als Bella und Chagall sich kennenlernten, studierte sie in Moskau Literatur, Geschichte und Philosophie. Zudem spielte sie begeistert Theater. Ähnlich wie für Chagall wies die Kunst auch ihr den Weg heraus aus den beengten Verhältnissen des Elternhauses. Obwohl ihre Eltern zunächst nicht begeistert über die Wahl ihrer Tochter waren, verlobten sich die beiden und Chagall porträtierte Bella erstmals in dem Gemälde *Meine Braut mit schwarzen Handschuhen* (3). Die Beziehung zu Bella setzte Chagall bezüglich seines Fortkommens als Künstler unter größeren Druck. Es war für ihn ohnehin wichtig, langfristig von seiner Kunst leben zu können. Anders als viele angehende Künstlerinnen und Künstler in St. Petersburg bot ihm sein Elternhaus keine finanzielle Sicherheit im Falle eines Misserfolges. Nun musste er zusätzlich Bellas Familie überzeugen, dass er mit seiner Kunst Erfolg haben würde und nicht nur für sich, sondern auch für eine Familie sorgen konnte. Chagall entschloss sich, seine Studien in Paris fortzusetzen. Finanzielle Unterstützung gewährte ihm Maxim Winawer. Im Frühjahr 1911 brach Chagall nach Paris auf.

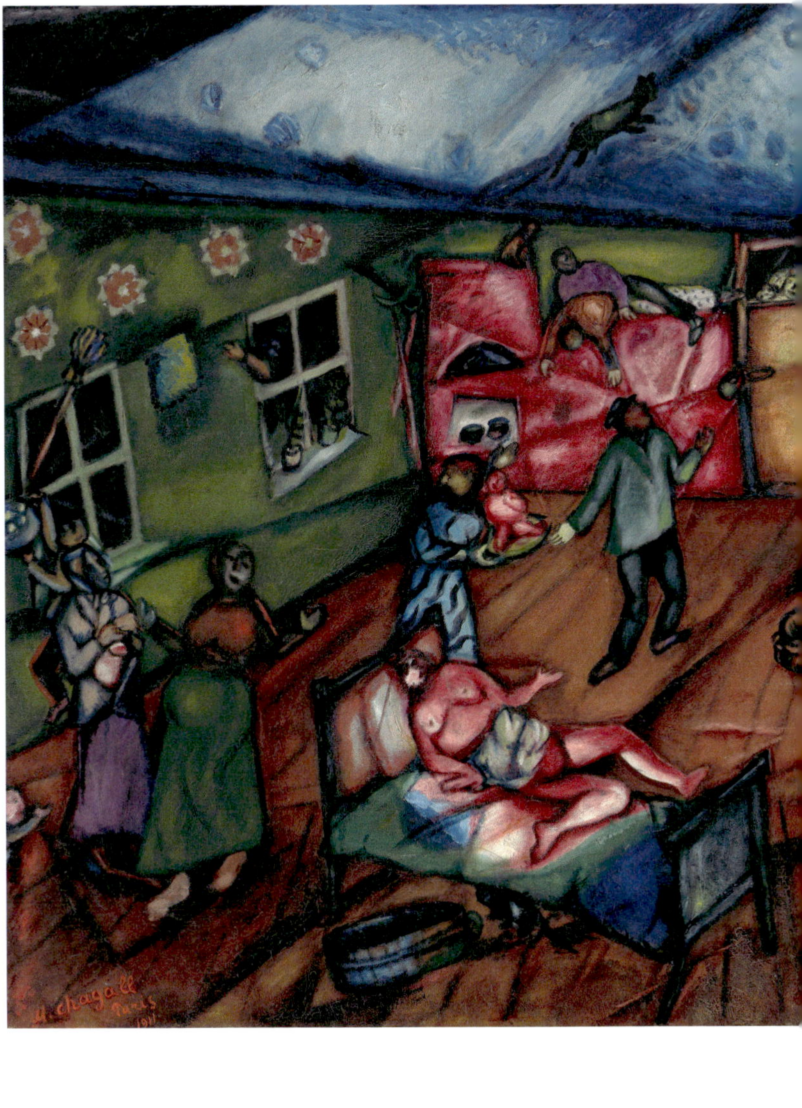

4 *Die Geburt*, 1911/12, Öl auf Leinwand, 113,4 × 195,3 cm, The Art Institute of Chicago

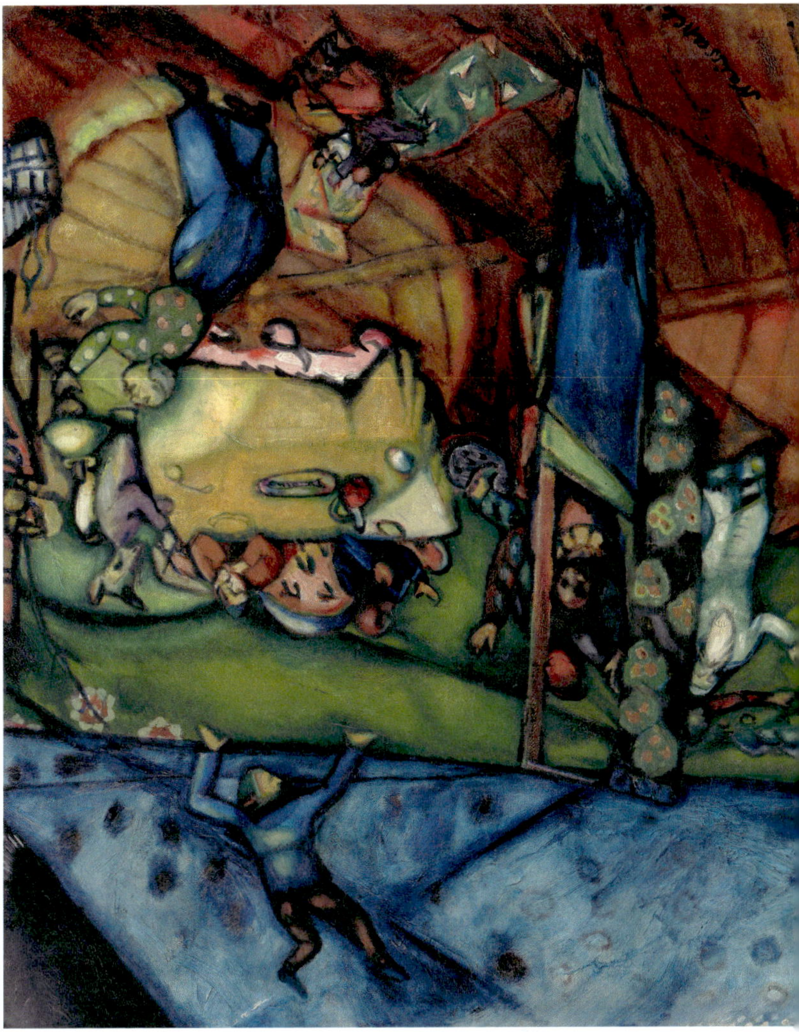

»Es schien als würde ich zum ersten Mal im Leben Licht, Farbe, Freiheit, die Sonne und die Freude am Leben entdecken.«[5] So beschrieb Chagall rückblickend die Wirkung, die Paris auf ihn hatte. Hier traf er auch seinen Freund Viktor Mekler wieder, der bereits ein Jahr zuvor in der französischen Hauptstadt eingetroffen war. Bald machte er die Bekanntschaft des Kunstkritikers Jakob Tugendhold, der gemeinsam mit Abram Efros später die erste Monografie über ihn schreiben sollte. Chagall mietete ein Atelier im Stadtteil Montparnasse und nahm Unterricht in der Académie de la Palette und der Académie de la Grande Chaumière. Zudem besuchte er zahlreiche Museen und Ausstellungen. Ein besonderes Ereignis im Frühjahr 1911 war der Salon des Indépendants, der mit Werken von Henri Le Fauconnier, Jean Metzinger, Albert Gleizes, Robert Delaunay und Fernand Léger erstmals auch kubistische Malerei präsentierte. »Ich eilte sofort zum Salon des Indépendants. Ich ging schnell zu den Modernen, ganz am Ende. Dort waren die Kubisten: Delaunay, Gleizes, Léger.«[6] In seinem Gemälde *Die Geburt* (4), das thematisch an das gleichnamige, ein Jahr zuvor entstandene Bild anknüpfte, experimentierte Chagall mit den Prinzipien des Kubismus. Wie ihr Vorgänger zeigt die Arbeit ein Interieur mit der Mutter im Bett sowie einer weiteren weiblichen Person, die das Neugeborene hält. Durch die kubistische Formzerlegung erreicht Chagall eine Erweiterung des Raumes, in dem sich simultan andere Szenen abspielen. Aus der häuslichen Szene der Geburt wird so eine Darstellung von überzeitlicher Bedeutung. Besonders deutlich wird der Einfluss der Kubisten in der Farbgebung. Die erdigen Töne sind einem hellen, leuchtenden Farbspektrum gewichen. Innerhalb kurzer Zeit entstanden weitere Gemälde, in denen Chagall den Kubismus mit der figürlichen Tradition russischer Malerei vermischte, etwa *Meiner Verlobten gewidmet*, *Russland, den Eseln und den anderen* (5) und *Ich und das Dorf* (6). Letzteres wird durch die Profilansichten eines Mannes und einer Kuh dominiert. Im oberen Teil des Bildes ist Witebsk anhand der Häuser und der orthodoxen Kirche auszumachen, davor befinden sich ein Mann mit einem Dreschen und eine auf dem Kopf stehende Frau. Links wird die Szene durch eine weitere weibliche Figur ergänzt, die eine Kuh melkt. Im unteren Teil des Bildes wächst aus der Hand des Mannes ein Baum. Durch die kubistische Zergliederung der Bildfläche gelingt es Chagall, die verschiedenen Elemente und Szenen schlüssig miteinander zu verbinden und eine enge Verbindung von Mensch und Natur, Leben und Tod, Tag und Nacht zu schaffen. *Ich und*

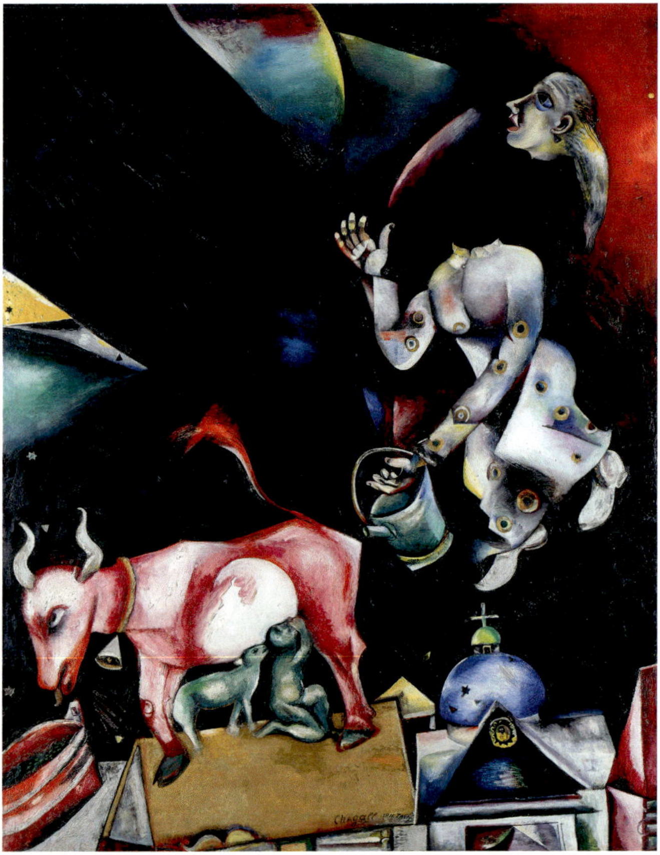

5 *Russland, den Eseln und den anderen*, 1911, Öl auf Leinwand, 157 × 122 cm, Musée national d'art moderne, Centre Georges Pompidou, Paris, Geschenk des Künstlers 1953

das Dorf belegt die enorme Entwicklung, die Chagall unter dem Einfluss des Kubismus in nur kurzer Zeit in Paris vollzog. Die französische Avantgarde gab ihm vollkommen neue Mittel an die Hand, um seine Heimat zu beschreiben. »Ich habe die großen Kubisten bewundert und vom Kubismus profitiert«,[7] sagte er selbst 1940 über diese Phase.

Trotz dieses künstlerischen Durchbruchs ließ die öffentliche Anerkennung noch auf sich warten. Für die Ausstellung der Société du Salon d'Automne im Herbst 1911 wurde Chagall abgelehnt. Mehr Glück hatte er mit der Ausstellung des Salon des Indépendents im Frühjahr 1912, auf der unter anderem *Russland,*

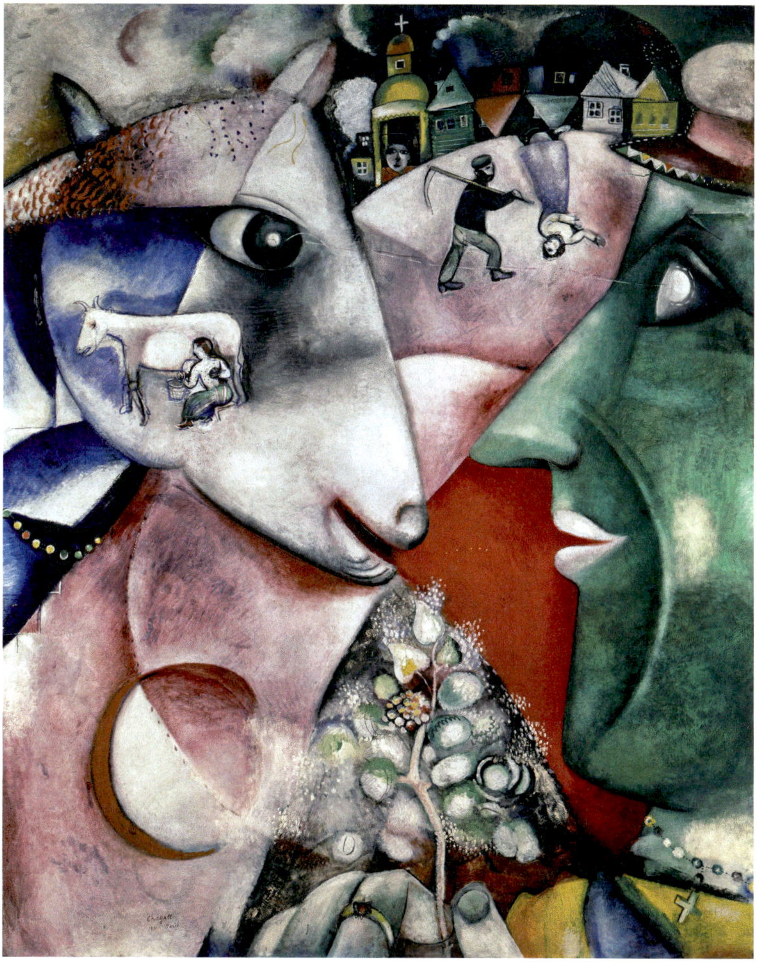

6 *Ich und das Dorf*, 1911, Öl auf Leinwand, 192,1 × 151,4 cm, Museum of Modern Art, New York

den Eseln und den anderen gezeigt wurde. Im selben Jahr zog der Künstler in das Atelierhaus La Ruche im Stadtteil Montparnasse. Der ungewöhnliche dreistöckige Rundbau war ursprünglich als temporäres Gebäude von Gustave Eiffel für die Weltausstellung 1900 entworfen worden. Der Bildhauer Alfred Boucher baute die Struktur zu einem dauerhaften Ateliergebäude um, das insbesondere jungen, mittellosen Künstlerinnen und Künstlern Arbeits- und Wohnraum bieten sollte. Obwohl die Verhältnisse in La Ruche prekär waren, boten die Ateliers viel Licht und Raum. Es gibt in der Kunstgeschichte vermutlich wenige Atelierhäuser, in denen so viele berühmte Persönlichkeiten ein und aus gingen wie in La Ruche. Neben Chagall lebten und arbeiteten zeitweise auch Fernand Léger, Amedeo Modigliani, Alexander Archipenko und Chaïm Soutine hier. Neben vielen Künstlerinnen und Künstlern lernte Chagall 1912 auch den Schweizer Literaten Blaise Cendrars kennen, mit dem ihn bald eine enge Freundschaft verband. Durch Cendrars machte er die Bekanntschaft von Sonia und Robert Delaunay, die ebenfalls gute Freunde wurden. Die Delaunays wiederum stellten Chagall dem Kunstkritiker Guillaume Apollinaire vor.

In dem 1912 entstandenen *Selbstporträt mit sieben Fingern* (Abb. S. 8) beschreibt Chagall nicht nur seinen eigenen Arbeitseifer, sondern auch die verschiedenen Einflüsse, die auf seine Malerei einwirkten. Im Zentrum der Komposition steht der Künstler mit Pinsel und Palette vor der Staffelei, auf der das Gemälde *Russland, den Eseln und den anderen* steht. Seine linke Hand mit den titelgebenden sieben Fingern verweist auf ein jiddisches Sprichwort. Demnach bedeutet, etwas mit sieben Finger zu tun, es so gut wie möglich zu tun. Im Hintergrund wird links durch ein Fenster der Blick auf den Eiffelturm frei, während rechts, umgeben von Wolken, Witebsk sichtbar ist. Auf der Wand stehen in hebräischer Schrift die Namen »Paris« und »Russland«. »Während ich an dieser einzigartigen technischen Revolution in der französischen Kunst teilnahm, kehrten meine Gedanken, meine Seele sozusagen, zu meinem Land zurück. Ich lebte, als wäre ich verkehrt herum.«[8] Diese Position zwischen Frankreich und Russland, zwischen Vergangenheit und Gegenwart symbolisiert Chagall ebenfalls in dem Gemälde *Paris durch das Fenster* (7) durch die janusköpfige männliche Figur, die in seiner Malerei immer wieder auftauchen wird.

Chagall war mittlerweile ein regelmäßiger Teilnehmer der Pariser Ausstellungen.[9] Durch Kritiker wie Apollinaire und befreundete Künstlerinnen und Künstler erhielt er Bestätigung für seine Arbeit. Der finanzielle Erfolg blieb allerdings aus, bis zum Sommer 1913 hatte er immer noch nichts verkauft. Dies änderte sich, als er durch den Verleger Ricciotto Canudo den deutschen

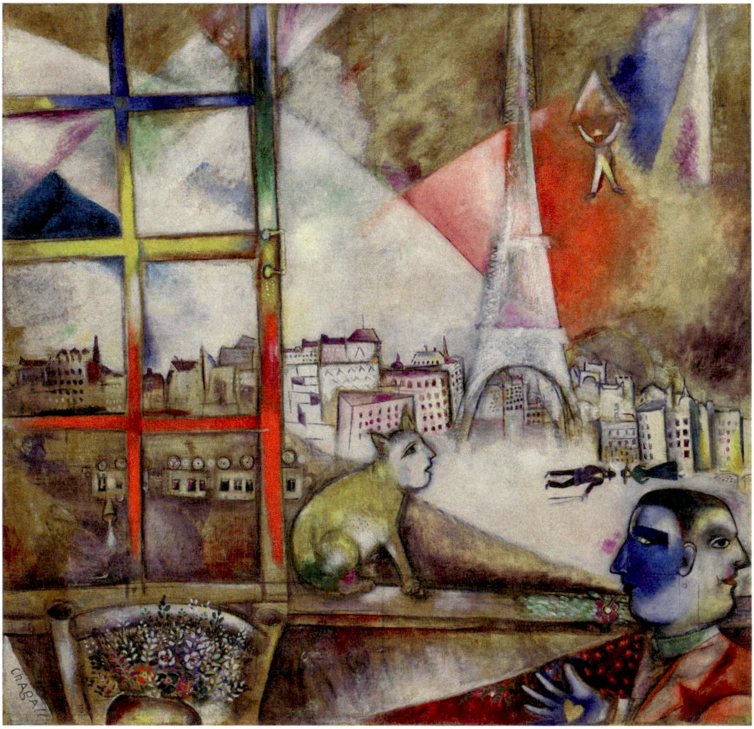

7 *Paris durch das Fenster*, 1913, Öl auf Leinwand, 136 × 141,9 cm, Guggenheim Museum, New York

Kunsthändler Herwarth Walden kennenlernte. Seit 1910 gab Walden in Berlin die Zeitschrift *Der Sturm* heraus, eine der wichtigsten Publikationen des deutschen Expressionismus. Ab 1912 war er auch als Galerist und Kunsthändler tätig und zeigte in seiner Berliner Galerie, die ebenfalls den Namen »Der Sturm« trug, die Expressionisten des Blauen Reiters sowie die italienischen Futuristen. Walden lud Chagall ein, sich mit drei Gemälden am Ersten Deutschen Herbstsalon zu beteiligen, der im September 1913 in Berlin stattfand. Chagall reichte *Meiner Verlobten gewidmet*, *Russland, den Eseln und den anderen* sowie das neu entstandene Gemälde *Golgatha* ein, in dem er sich erstmals mit einem christlichen Thema auseinandersetzte. Chagalls Teilnahme am Ersten Deutschen Herbstsalon wurde ein großer Erfolg. Bernhard Koehler, ein Förderer und Unterstützer des Blauen Reiters, kaufte *Golgatha*. Walden war von Chagall so überzeugt, dass er eine Einzelausstellung für das kommende Jahr plante. Diese erste umfassende Soloschau zeigte neben 40 Gemälden rund 160 Arbeiten auf Papier. Dass Chagall in Berlin so großen Erfolg hatte, lag sicher zum einen an Waldens kaufmännischem Geschick. Bevor die Ausstellung im Frühjahr 1914 stattfand, hatte er den in Deutschland noch unbekannten Chagall durch Artikel in seiner Zeitschrift bereits groß angekündigt (Abb. S. 70). Zum anderen war der Kunstmarkt in Deutschland neuen Kunstströmungen gegenüber deutlich aufgeschlossener als in Frankreich. Dies lag nicht zuletzt an einer großen Anzahl jüdischer Sammlerinnen und Sammler, die großes Interesse an zeitgenössischer, avantgardistischer Kunst zeigten.[10] Nachdem Chagall die Eröffnung bei Walden besucht hatte, reiste er weiter nach Witebsk. Dort wartete seine Verlobte Bella bereits seit drei Jahren auf seine Rückkehr. Mit dem Erfolg in Paris und Berlin im Gepäck hoffte Chagall, sie nun endlich heiraten zu können. Sein Plan sah vor, drei Monate in Witebsk zu verbringen und anschließend mit Bella nach Paris zurückzukehren. Der Ausbruch des Ersten Weltkrieges verhinderte diesen Plan – Chagalls Rückkehr verzögerte sich um acht Jahre. Was mit seinen in Paris und Berlin zurückgelassenen Arbeiten geschah, blieb zunächst ungewiss.

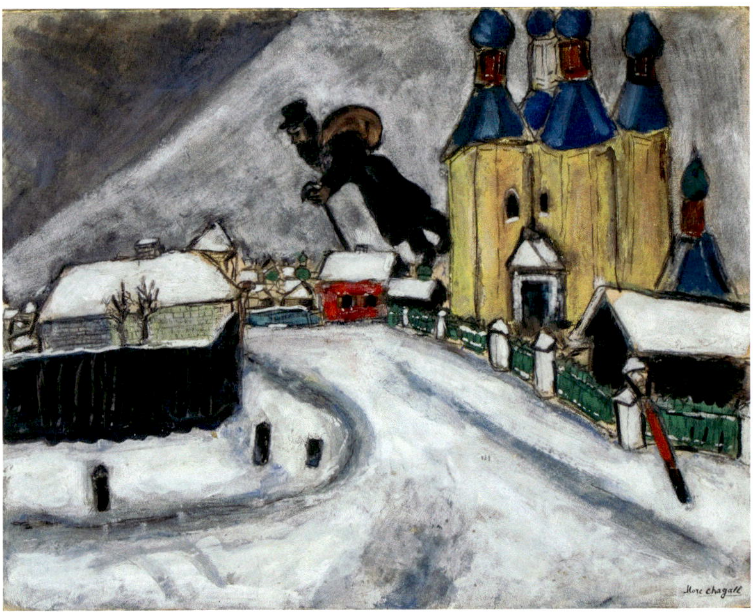

8 *Über Witebsk*, ca. 1914, Öl auf Karton auf Leinwand, 70,3 × 91 cm, Philadelphia Museum of Art

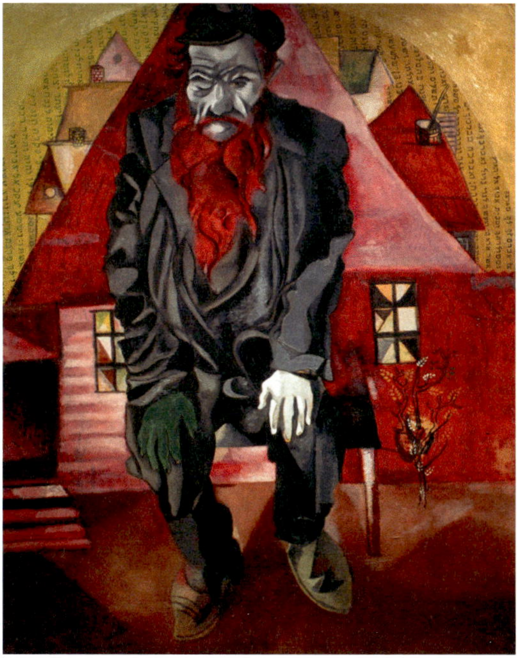

9 *Der Jude in Rot*, 1915, Öl auf Pappe, 100 × 80,5 cm, Staatliches Russisches Museum, St. Petersburg

ZURÜCK IN RUSSLAND

Zurück in Witebsk, hielt wieder ein gewisser Realismus Einzug in Chagalls Malerei. Zwar sind seine Kompositionen immer noch geprägt durch fantastische Elemente, doch werden diese gepaart mit einer Reduzierung der Farbe und kubistischen Elementen, wie etwa in der winterlichen Vision *Über Witebsk* (8). Auch in seinen bedeutenden Darstellungen alter Juden *Der Jude in Schwarz-Weiß*, *Der Jude in Grün*, *Der Jude in Rot* (9) und *Der Jude in Hellrot* verband Chagall eine irreale Farbgebung mit teils realistischen Porträts. Der Kubismus scheint in diesen Kompositionen weitestgehend überwunden. Obwohl Chagall sich nicht freiwillig für den Kriegsdienst meldete und zunächst auch nicht eingezogen wurde, ging der Krieg nicht spurlos an ihm und seinem Werk vorbei. Arbeiten wie der in ungewöhnlich gedämpften Farben gehaltene *Zeitungsverkäufer* (10) zeugen von der Allgegenwärtigkeit des Krieges. Dem Fronteinsatz entging Chagall mit Hilfe von Bellas Bruder Jakob Rosenfeld. Dieser führte in St. Petersburg ein Kriegswirtschaftsbüro, in dem der Künstler

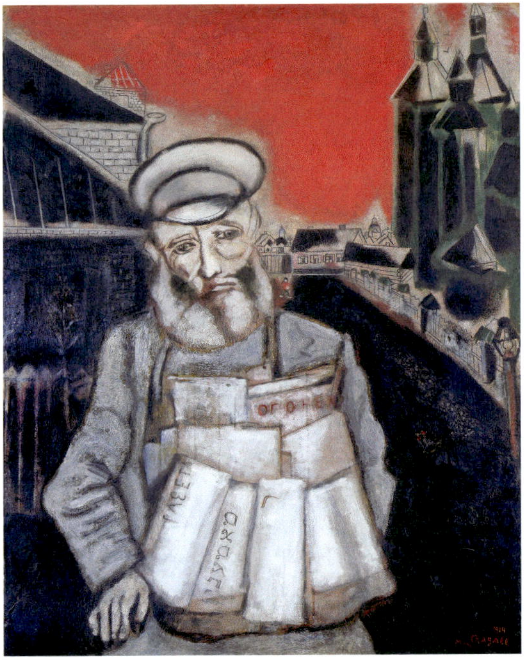

10 *Der Zeitungsverkäufer*, 1914, Öl auf Karton, 98 × 78,5 cm, Musée national d'art moderne, Centre Georges Pompidou, Paris, Geschenk von Ida Chagall 1984

die nächsten Jahre seinen Militärdienst ableisten konnte. Weiterhin ungewiss war das Schicksal seiner Arbeiten, die in Paris und in Berlin verblieben waren. Die Erlöse, die Walden mit dem Verkauf der Werke erzielte, erreichten ihn in Russland nicht. Ohnehin wussten weder seine französischen noch seine deutschen Freunde und Bekannten, ob Chagall überhaupt noch am Leben war und wie man ihn erreichen konnte. Das finanzielle Problem löste schließlich Jakob Tugendhold, der dem Künstler vorschlug, 25 Gemälde in der Ausstellung *Das Jahr 1915* im Salon der Malerin Klavdia Mikhailova in Moskau zu zeigen. Durch Tugendholds Vermittlung kaufte der Sammler Ivan Morosow eine Reihe von Werken. Zudem erwarb der Sammler Jakob Kagan-Chabchay 30 Arbeiten, die er in ein geplantes Museum für jüdische Kunst integrieren wollte.

Durch die Verkäufe zumindest für einige Zeit finanziell abgesichert, konnte Chagall seine Verlobte Bella am 25. Juli 1915 endlich heiraten. Nach einer kurzen Hochzeitsreise ließ sich das Paar in St. Petersburg, das von 1914 bis 1924 Petrograd genannt wurde, nieder. In den Monaten nach der Hochzeit entstand eine Serie von Gemälden, in denen Chagall die Liebe zu seiner Frau und die

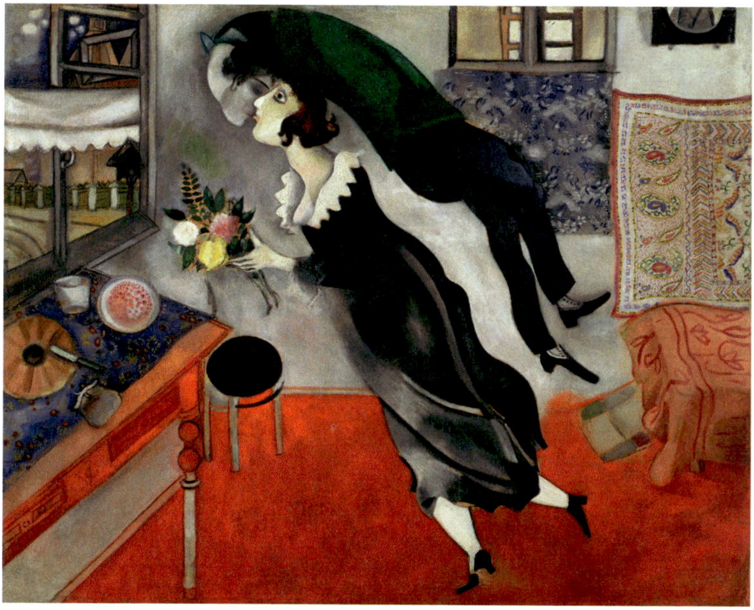

11 *Der Geburtstag*, 1915, Öl auf Karton, 80,6 × 99,7 cm, Museum of Modern Art, New York

neue Ehe feierte. Daneben gehört das Gemälde *Der Geburtstag* (11) zu den wichtigsten Kompositionen dieser Zeit. Im Interieur des gemeinsamen neuen Zuhauses überrascht der Künstler seine Frau mit einem Kuss, den er ihr, in der Luft schwebend, über Kopf gibt. Hier inszeniert sich Chagall erstmals selbst als Luftmensch – eine Figur, die bereits in *Über Witebsk* und als Nebenfigur in Gemälden wie *Die Geburt* in Erscheinung getreten war und die auch in den folgenden Jahren ein wiederkehrendes Motiv wurde. Im Mai 1916 kam die gemeinsame Tochter Ida zur Welt.

Mit dem Ausbruch der Oktoberrevolution 1917 veränderten sich die Verhältnisse in Russland grundlegend. Chagall selbst begrüßte die Veränderungen, die für ihn zunächst vor allem Vorteile brachten. Als Jude genoss er nun erstmals die vollen Bürgerrechte. Dennoch waren die Zustände während der Revolution in Petrograd zu gefährlich, sodass er mit seiner Familie nach Witebsk flüchtete. Dort entstanden wichtige Kompositionen wie das Gemälde *Der Spaziergang* (1), das wie *Der Geburtstag* die Liebe des Paares feiert. Durch die dynamische Bildkomposition zeugt es auch von Chagalls positiver Grundstimmung. In anderen

Arbeiten wie der Zeichnung *Friede den Hütten – Krieg den Palästen* (12) wird der Künstler konkreter und kommentiert begeistert die neuen Verhältnisse. 1918 erschien schließlich die erste Monografie über seine Kunst, verfasst von Jakob Tugendhold und Abram Efros. Im folgenden Jahr nahm Chagall an der »Ersten Staatlichen Ausstellung Revolutionärer Kunst« teil, die im Winterpalast in Petrograd stattfand. Zwölf der 24 ausgestellten Arbeiten wurden vom sowjetischen Staat angekauft.

Die Bedeutung, die der Kunst im nachrevolutionären Russland zukam, spiegelte sich auch in einer Reihe von Berufungen von Künstlerinnen und Künstlern auf wichtige politische Posten wider. Im Herbst 1918 wurde Chagall durch Kulturminister Anatoli Wassiljewitsch Lunatscharski, den er noch aus Paris kannte, zum Kommissar für die Schönen Künste im Gouvernement Witebsk ernannt. Zu seinen ersten Aufgaben gehörte die Gestaltung der Feierlichkeiten zum Jahrestag der Revolution. Chagall stürzte sich in die Arbeit und rekrutierte zahlreiche lokale Künstlerinnen und Künstler für das Projekt. Riesige Banner und Triumphbögen mit typischen Chagall-Motiven zierten während der Festivitäten die Stadt Witebsk. Die Gestaltung wurde von einigen kommunistischen Parteigenossen jedoch als zu dekadent kritisiert. »Und am 25. Oktober schaukelten meine farbenprächtigen Tiere, von Revolution geschwellt, durch

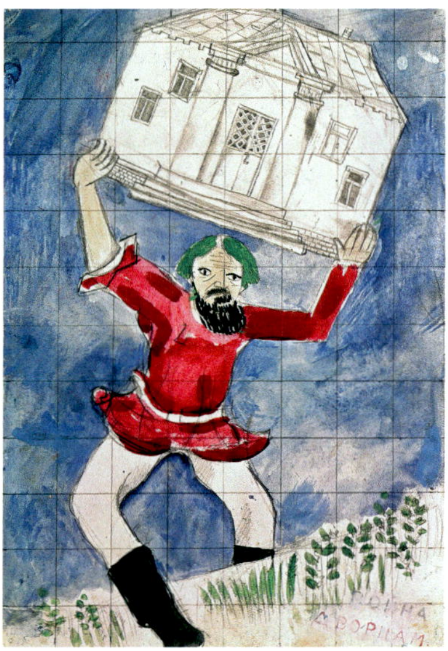

12 *Friede den Hütten – Krieg den Palästen*, 1918, Bleistift und Aquarell auf Papier, 33,7 × 23,2 cm, Staatliche Tretjakow-Galerie, Moskau

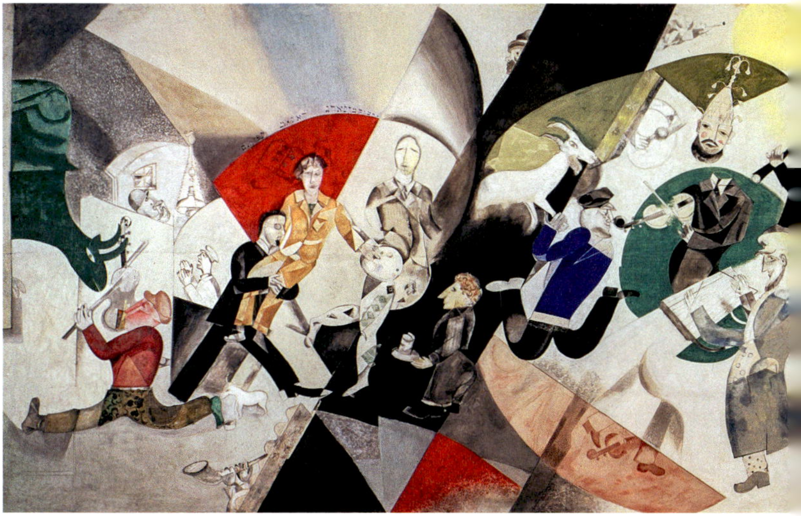

die ganze Stadt. Die Arbeiter marschierten und sangen die Internationale. Als ich sie lächeln sah, war ich sicher, dass sie mich verstanden. Die Arbeiterführer, die Kommunisten, schienen weniger befriedigt. Warum ist die Kuh grün und warum fliegt das Pferd in den Himmel, warum? Was hat das mit Marx und Lenin zu tun?«[11]

Trotz dieser Gegenstimmen betraute Lunatscharksi Chagall mit der Gründung einer öffentlichen Kunstschule in Witebsk.[12] Der Künstler nahm sich dieser Aufgabe wieder mit viel Elan und Begeisterung an. Die Schule sollte keine elitäre Einrichtung werden, sondern allen offenstehen. Chagall berief als Lehrende unter anderem Iwan Albertowitsch Puni, Mstislaw Walerianowitsch Dobuschinski, El Lissitzky und später auch seinen ehemaligen Lehrer Jehuda Pen. Für Chagall, der keine bestimmte Lehrmethode verfolgte und die akademischen Übungen während seiner eigenen Ausbildung verabscheut hatte, stand die größtmögliche Freiheit im Unterricht im Vordergrund. Statt technische Kopieraufgaben zu vergeben, unternahm er mit seinen Schülerinnen und Schülern lieber Ausflüge in die Natur, um dort zu zeichnen. Sein Unterricht erfreute sich außerordentlicher Beliebtheit. Das änderte sich, als El Lissitzky auf der Berufung des suprematistischen Malers Kasimir Malewitsch bestand. Der Suprematismus, der alles Figürliche ablehnte und auf eine rein ungegenständliche Malerei setzte, war in den letzten Jahren in Russland erstarkt und

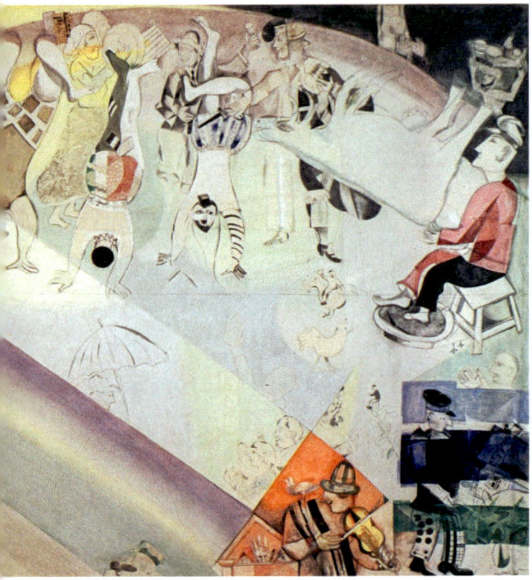

13 *Einführung in das Jüdische Theater*, 1920, Tempera, Gouache und opakes Weiß auf Leinwand, 283 × 790 cm, Staatliche Tretjakow-Galerie, Moskau

erfreute sich unter den Revolutionären großer Beliebtheit. Malewitsch unterrichtete nach einem strengen Regelwerk, dem seine Schüler und Schülerinnen nahezu religiös folgten. Innerhalb kürzester Zeit scharte er eine große Gruppe von ihnen um sich. Nicht nur in seiner Art zu unterrichten und in seiner Kunstauffassung bildete Malewitsch einen extremen Gegensatz zu Chagall. Auch seine Auffassung, dass Kunst vor allem ein politisches Medium sei, stand in deutlichem Kontrast zu Chagall, der in seinen Arbeiten zwar durchaus politische Themen und Haltungen vermittelte, sich aber nicht für politische Ziele vereinnahmen lassen wollte. Während er dem direkten Konflikt mit Malewitsch aus dem Weg zu gehen versuchte, bemühte sich Chagall um eine Entbindung von seinen Pflichten an der Kunstschule, die ihm die Behörden jedoch versagten. Im Mai 1920 kam es zum endgültigen Bruch, nachdem auch die letzten von Chagalls Schülerinnen und Schülern seine Klasse verlassen und Malewitsch die Akademie eigenmächtig in »Schule des Suprematismus« umbenannt hatte. Chagall verließ Witebsk für immer und zog mit seiner Familie nach Moskau.

Während Chagall 1918 auf der »Ersten Ausstellung Revolutionärer Künstler« noch große Erfolge feiern konnte, hatte sich die Situation in Moskau durch die Einflussnahme und den Druck der Regierung zunehmend verschlechtert. Viele Sammlerinnen und Sammler hatten Russland den Rücken gekehrt und an Verkäufe war nicht zu denken. Abram Efros brachte Chagall mit Alexei Michailowitsch Granowski, dem Leiter des Jüdischen Kammertheaters, zusammen. Vermutlich waren sich beide Männer bereits im Jahr zuvor begegnet, als Granowski mit dem Theater durch die russischen Provinzen tourte. Sein Ziel war es, das jüdische Theater, das bisher vor allem durch klamaukige Interpretationen westlicher Bühnenklassiker auf Jiddisch bekannt war, zu reformieren. Er beauftragte Chagall mit der Gestaltung der Inneneinrichtung des Theaters sowie der Bühnenbilder und Kostüme des ersten Stückes. Die *Einführung in das Jüdische Theater* (13), so der Titel für die gesamte Innengestaltung, setzte sich aus zwei großformatigen Wandfriesen sowie vier kleineren allegorischen Darstellungen von Musik, Tanz, Literatur und Theater zusammen. Chagall setzte bei der Gestaltung nicht auf stereotype Darstellungen jüdischer Charaktere, sondern erfasste, ganz im Sinne von Granowskis Erneuerungsgedanken, die Tiefgründigkeit und psychologische Genauigkeit der einzelnen Figuren.[13] Durch den großen Eifer und Ehrgeiz, mit dem Chagall sich dem Projekt widmete, geriet er allerdings immer wieder mit Granowski, dem seine Einmischungen zu weit gingen, aneinander. »Am Premierenabend (man spielt drei Stücke von Scholem Alechem) konnte ich nicht einmal in den Zuschauerraum gehen, so sehr war ich mit Farbe beschmiert. Wenige Sekunden, ehe der Vorhang aufging, rannte ich noch auf die Bühne, schnell ein paar Requisiten anzustreichen. Ich ertrug nicht den ›Naturalismus‹. Plötzlich ein Zusammenstoß. Granowski hatte einen richtigen Scheuerlappen aufgehängt. Ich seufze und schreie: ›Einen richtigen Scheuerlappen?‹ ›Wer ist hier der Regisseur, Sie oder ich?‹ schreit Granowski zurück.«[14] Zu einer weiteren Zusammenarbeit mit Granowski kam es nicht.

Nach dem Ende seines Engagements nahm Chagall 1921 eine Stelle als Lehrer an einer Schule für Kriegswaisen in Malachowka, einem Vorort von Moskau, an. In dieser Zeit begann er mit der Arbeit an seinen Memoiren. Seit 1920 verließen immer mehr Intellektuelle sowie Künstlerinnen und Künstler das nachrevolutionäre Russland Richtung Westen. Der zunehmende Druck, sich nicht nur inhaltlich, sondern auch stilistisch der staatlichen Doktrin zu beugen, wurde für viele unerträglich. Auch Chagall überlegte zu emigrieren und zog im Frühjahr 1922 schließlich zurück nach Moskau, um seine Ausreise vorzubereiten. Im Mai verließ er Russland für immer Richtung Berlin. Seine Frau Bella und die gemeinsame Tochter Ida folgten ihm im Herbst 1922.

Zurück in Berlin nahm Chagall unverzüglich Kontakt mit Herwarth Walden auf. Er erfuhr, dass dieser mittlerweile nahezu alle Gemälde, die in der Ausstellung von 1914 gezeigt worden waren, verkauft hatte. Chagalls Werke waren damit in ganz Deutschland verstreut, und Walden hatte ihn in seiner Abwesenheit zu einem großen Namen gemacht. Den Erlös hatte der Galerist auf ein Konto eingezahlt. Allerdings war die Summe durch die Inflation mittlerweile fast wertlos geworden. Walden bot Chagall eine Ausgleichzahlung an, die dieser jedoch ablehnte. Hoffnung machte hingegen der Kontakt zum Verleger und Kunsthändler Paul Cassirer, der den Plan fasste, Chagalls Memoiren auf Deutsch übersetzen und publizieren zu lassen. Dafür gab er 20 Radierungen als Illustrationen in Auftrag. Da der Künstler mit dieser Technik nicht vertraut war, wandte er sich an den Maler und Grafiker Hermann Struck, der ihn in der Kunst des Radierens unterrichtete. Die 20 Kaltnadelradierungen (14), die für die Publikation entstanden, orientieren sich in den Kombinationen von fantastischen und realistischen Elementen an Chagalls Schilderungen in seiner Autobiografie. Da jedoch die deutsche Übersetzung letztlich nicht zustande kam, gab Cassirer lediglich eine Mappe mit den Radierungen heraus. In Chagall und seiner Frau Bella wuchs der Wunsch, Berlin zu verlassen und nach Paris überzusiedeln. Obwohl zu diesem Zeitpunkt der Kunstmarkt in Deutschland für ihn deutlich bessere Aussichten bot, fehlte es Chagall an freundschaftlichen Kontakten. Zudem stieß ihn der immer stärker werdende Antisemitismus, der insbesondere durch die noch junge Bewegung der Nationalsozialisten befeuert

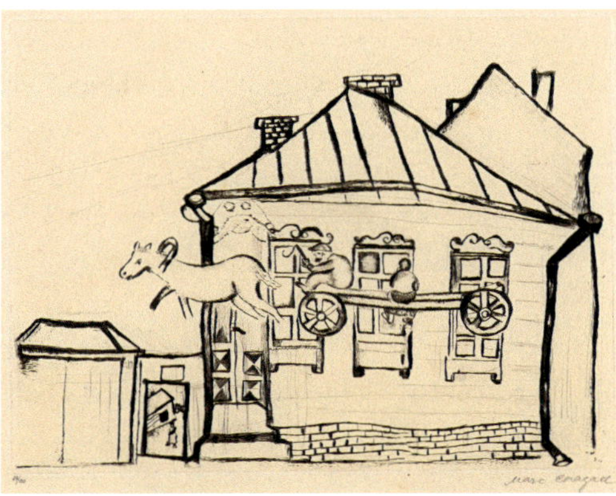

14 *Haus in Witebsk*, Blatt 11 aus *Mein Leben. Folge von 20 losen Radierungen*, 1922/23, Radierung auf Bütten, 18,9 × 25 cm, Sprengel Museum, Hannover

wurde, zunehmend ab. Kurz vor seiner Abreise nach Paris beendete Chagall seine Verhandlungen mit Herwarth Walden und verklagte den Kunsthändler. Der Prozess sollte sich noch Jahre hinziehen. Letztlich erhielt Chagall nur wenige seiner Bilder zurück.

WIEDER IN PARIS

Die Situation, die Chagall in der französischen Hauptstadt vorfand, war der in Berlin nicht unähnlich. Sein Atelier in La Ruche war ausgeräumt und die Gemälde durch seinen Galeristen Charles Malpel verkauft worden. Wie in Berlin erhielt Chagall auch in Paris nichts von den erzielten Erlösen. Abhilfe schuf ein Auftrag des Verlegers Ambroise Vollard, dem er Illustrationen zum Roman *Die toten Seelen* von Nikolai Gogol vorgeschlagen hatte. Durch diesen Auftrag konnte Chagall an die Radierungen, die er in Berlin für Cassirer angefertigt hatte, anknüpfen (15). Im Herbst 1923 kamen auch Bella und Ida in Paris an und die Familie bezog eine Wohnung mit Atelier in der Avenue d'Orléans. Zunächst arbeitete Chagall vor allem an Wiederholungen früherer Werke, die sich mittlerweile außerhalb seiner Reichweite in Museen oder Privatsammlungen befanden. Viele dieser Wiederholungen, die er oft aus dem Gedächtnis malte, sind keine detailgetreuen Kopien, sondern Varianten eines Themas.

Die Chagalls unternahmen zahlreiche Reisen in die Umgebung von Paris, aber auch in die Normandie und nach Südfrankreich. Die französische Landschaft

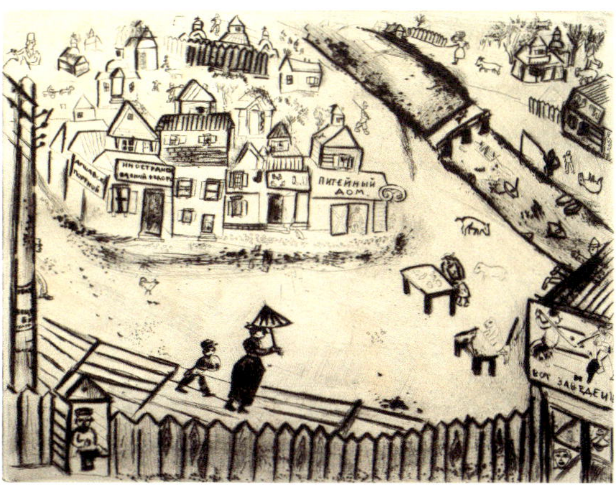

15 *Die kleine Stadt*, Blatt 3 aus *Die toten Seelen*, Radierung, 1923–27/1948, 27,9 × 37,9 cm, Israel Museum, Jerusalem

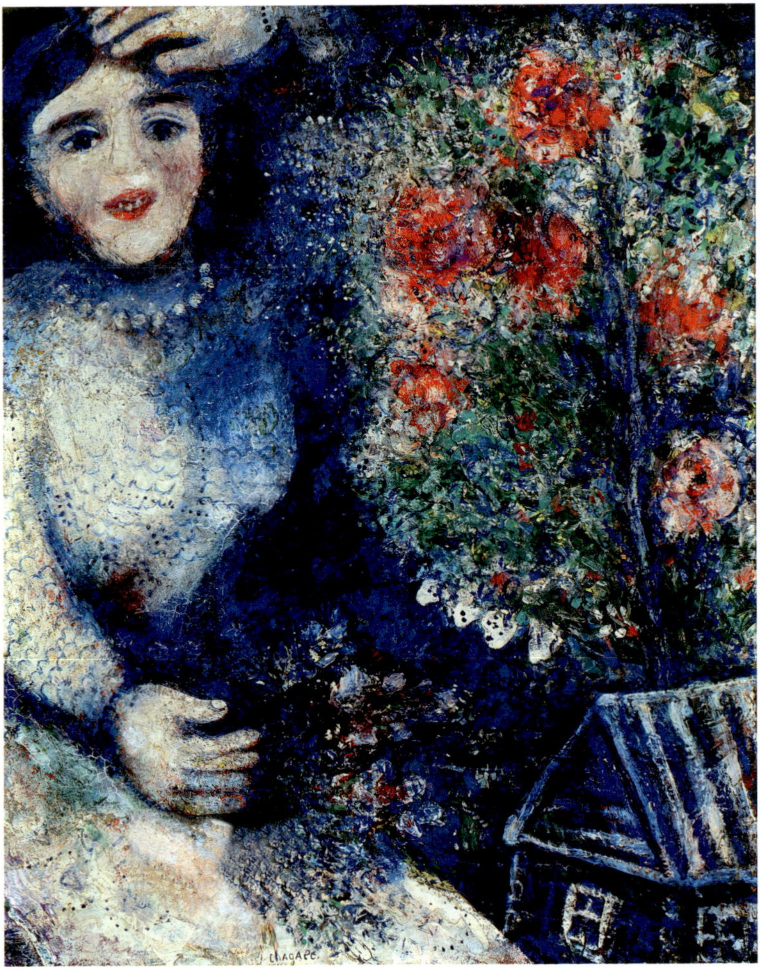

16 *Die Braut mit dem Blumenstrauß*, 1924–25, Öl auf Leinwand, 69,1 × 55,2 cm, Kunsthalle Mannheim

und insbesondere das Licht des Südens machten großen Eindruck auf Chagall. In der Folge entstand eine Reihe von Blumenstücken (16). Die leichteren Themen und die wesentlich weichere Malweise spiegeln die friedliche, sorgenfreie Zeit wider, aber auch Chagalls Bestreben, sich an die französischen Maltraditionen anzupassen und als internationaler Künstler wahrgenommen zu werden. Tatsächlich wurde Chagall im Laufe der 1920er-Jahre in Frankreich und darüber hinaus immer bekannter und feierte entsprechende

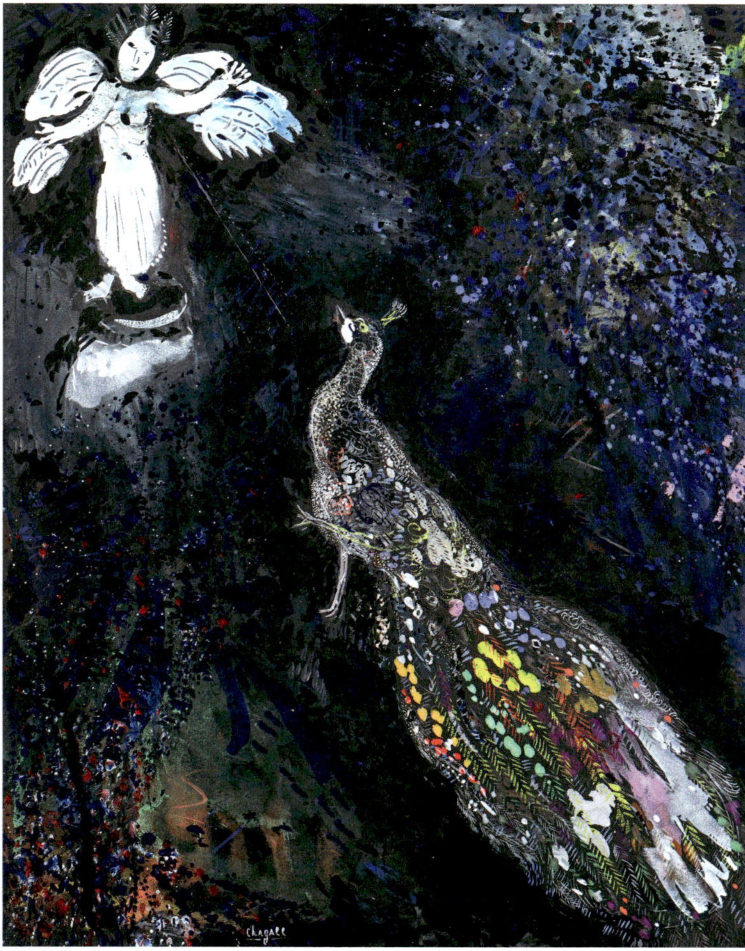

17 *Der Pfau beschwert sich bei Juno*, 1927, Gouache auf Papier, 51 × 41,3 cm, Privatsammlung

Erfolge. Seine erste Einzelausstellung in Frankreich fand 1924 in der Galerie Barbazanges-Hodebert in Paris statt. Zwei Jahre später zeigte die Galerie Katia Granoff in Paris seine Bilder und eine erste US-amerikanische Einzelausstellung wurde in der Reinhardt Gallery in New York präsentiert. Im selben Jahr nahm ihn die renommierte Galerie Bernheim-Jeune unter Vertrag. Im Herbst 1925 beendete Chagall die Arbeiten an den Illustrationen zu Gogols *Die toten Seelen*. Der Folgeauftrag von Vollard sah eine Grafikfolge zu

Jean de La Fontaines *Fabeln* (17) vor. Vollards Entscheidung, einen russisch-jüdischen Künstler mit der Illustrierung einer genuin französischen Erzählung wie den *Fabeln* zu beauftragen, rief öffentliche Kritik hervor. »Die Leute konnten nicht verstehen, dass ein russischer Maler damit beauftragt wurde, den französischsten Dichter von allen zu interpretieren.«[15] Der französische Nationalismus und Antisemitismus schwingen in dieser Kritik mit, aber auch, dass Chagall von der französischen Öffentlichkeit immer noch als Außenseiter betrachtet wurde.

Nach einer Phase der Assimilierung setzte sich Chagall Ende der 1920er-Jahre wieder verstärkt mit seiner Heimat und seiner jüdischen Identität auseinander. Grund für diese erneute Rückbesinnung auf seine Herkunft und die Vergangenheit waren vor allem die zunehmende politische Unruhe und Verunsicherung. »›Muss‹ ich ein französischer Künstler werden (ich habe nie daran gedacht). Und es scheint doch: Ich gehöre nicht hierher.«[16] Zwischen 1920 und 1930 entstand eine Reihe von Bildern, die wie *Alter Mann mit Bart* (18) das verschneite Witebsk zeigen und an frühere Arbeiten aus den 1910er-Jahren anknüpfen.

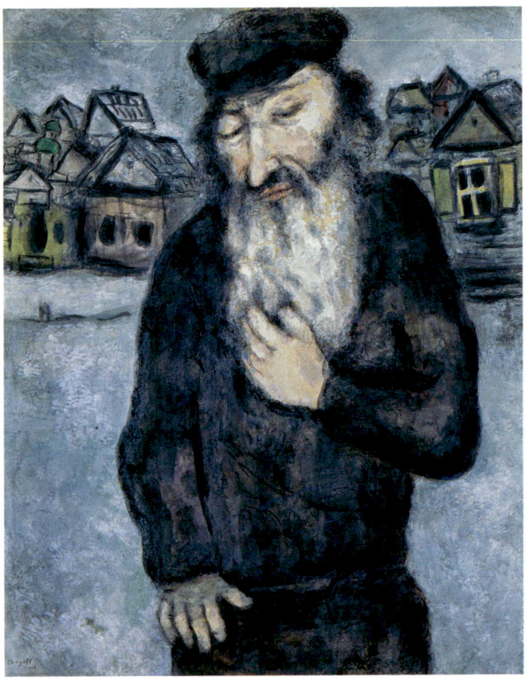

18 *Alter Mann mit Bart*, ca. 1930–31, Gouache und Aquarell über Kohle und Bleistift auf Papier, 61,6 × 48,3 cm, Jewish Museum, New York

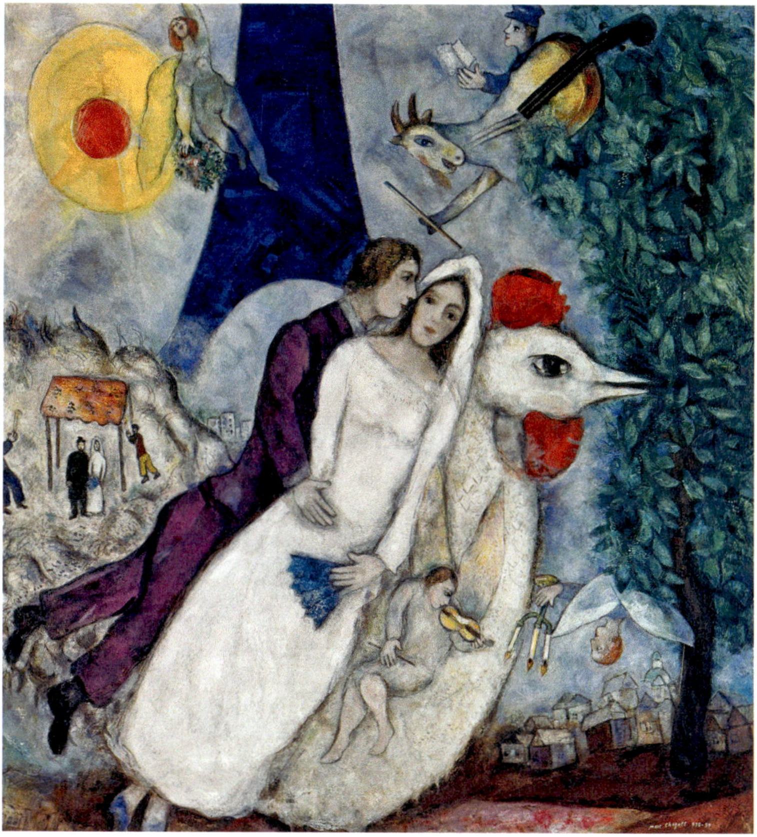

19 *Brautpaar mit dem Eiffelturm*, um 1938, Öl auf Leinwand, 150 × 136,5 cm, Musée national d'art moderne, Centre Georges Pompidou, Paris, dation 1988

Das Gemälde *Brautpaar mit dem Eiffelturm* (19) bezieht sich inhaltlich auf das frühere Bild *Paris durch das Fenster* und verbindet Elemente, die auf sein Leben mit Bella in Paris verweisen mit Erinnerungen an seine russische Heimat. Im Zentrum des Gemäldes sind der Künstler und seine Braut, auf einem Hahn reitend, dargestellt. Der Eiffelturm erscheint ganz in Blau im Hintergrund. Unten rechts ist die Stadtsilhouette von Witebsk zu sehen, während links eine jüdische Hochzeit inmitten einer Wolke auf Chagalls eigene Hochzeit verweist. Auch die Publikation seiner Autobiografie in französischer Sprache 1931 gab ihm abermals Anlass, sich mit seiner Herkunft zu beschäftigen. Die Übersetzung, die unter dem Titel *Ma Vie* erschien, wurde von Bella verantwortet. 1930 erhielt Chagall von Vollard den Auftrag, Illustrationen nach der Bibel anzufertigen. Es war nicht nur dieser Auftrag, der ihn dazu bewegte, gemeinsam mit seiner Familie im Frühjahr 1931 ins britische Mandatsgebiet Palästina aufzubrechen. Er folgte damit auch einer Einladung zur Grundsteinlegung eines Museums für jüdische Kunst, die er von Meïr Dizengoff, dem Mitbegründer und ersten Bürgermeister von Tel Aviv, erhalten hatte. Von Februar bis April 1931 bereiste Chagall verschiedene Städte und nutzte die Gelegenheit, um Inspirationen für seine Bibelillustrationen zu sammeln. Es entstanden zahlreiche Zeichnungen und Gemälde, in denen er nicht nur die Landschaft, sondern auch jüdische heilige Stätten (20) und Interieurs unterschiedlicher Synagogen festhielt. Verglichen mit seinen traumartigen Darstellungen der Pariser Zeit sind diese Darstellungen auffallend nüchtern. Offensichtlich war Chagall nicht daran gelegen, das zeitgenössische Leben in Palästina zu dokumentieren. Vielmehr suchte er nach überzeitlichen Bildmotiven. »Ich kam nach Palästina, um gewisse Vorstellungen zu überprüfen, ohne Fotoapparat, sogar ohne Pinsel. Keine Dokumente, keine Touristeneindrücke, und trotzdem bin ich froh, dort gewesen zu sein. Von weit her strömten sie zur Klagemauer, bärtige Juden in

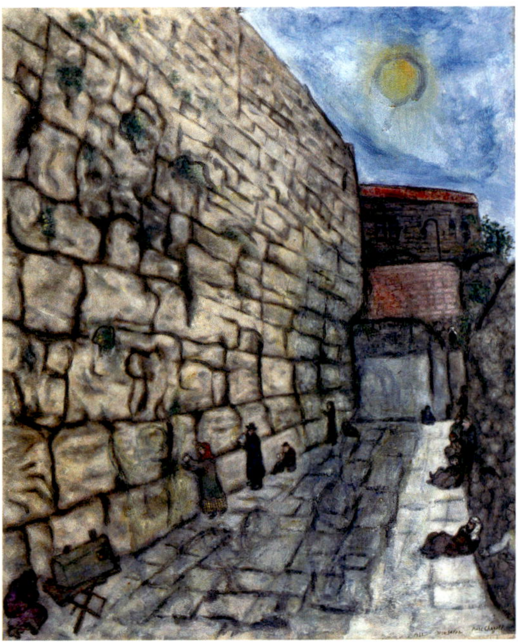

20 *Jerusalem (Die Klagemauer)*, 1931, Öl und Gouache auf Leinwand, 100 × 81,3 cm, Privatsammlung

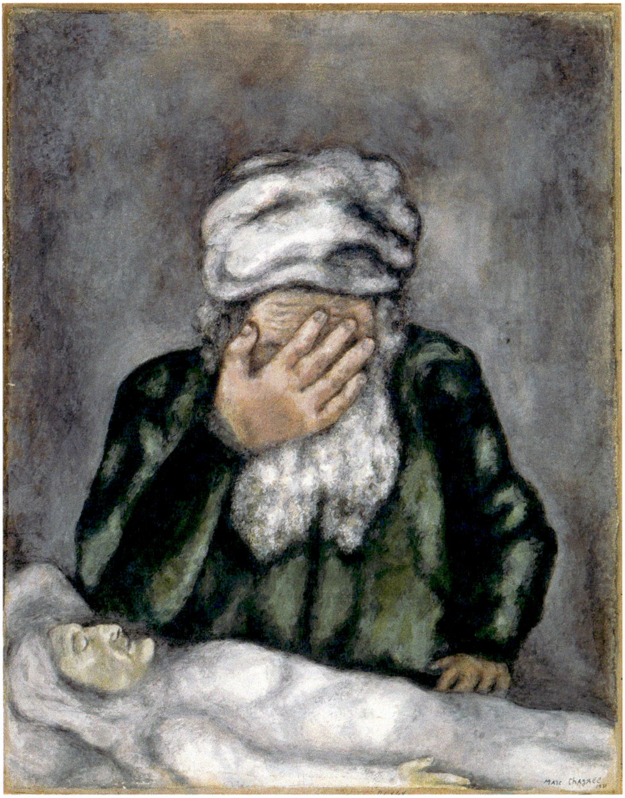

21 *Abraham beweint Sarah*, 1931, Öl und Gouache auf Papier, 62,5 × 49,5 cm, Musée national Marc Chagall, Nizza

gelben, blauen, roten Gewändern und mit Pelzmützen. Nirgendwo sieht man so viel Verzweiflung und so viel Freude; nirgends ist man so erschüttert und so glücklich zugleich beim Anblick dieses tausendjährigen Haufens von Steinen und Staub in Jerusalem, in Sefad, auf den Bergen, wo Propheten über Propheten begraben liegen.«[17] Nach seiner Rückkehr fertigte er Gouachen als Vorlagen für die Radierungen zur Bibel an. Die Darstellungen verbinden die gedämpfte Farbigkeit der Pariser Bilder mit der Nüchternheit seiner in Palästina entstandenen Studien. In Blättern wie *Abraham beweint Sarah* (21) lässt sich eine allgemeine Entwicklung zu mehr Monumentalität und Vereinfachung beobachten. Die Arbeit an diesem Zyklus sollte jedoch durch eine Zeit im US-amerikanischen Exil unterbrochen und erst 1952 fortgesetzt werden.

FLUCHT

1933 begann mit der Wahl Adolf Hitlers zum Reichskanzler die nationalsozialistische Diktatur in Deutschland, die bald ganz Europa bedrohen sollte. Chagall, der zuletzt 1930 in Berlin gewesen war, anlässlich einer Vernissage in der Galerie Alfred Flechtheim, dürfte von dieser Entwicklung wenig überrascht gewesen sein. Unmittelbar nach der Machtübernahme wurden in vielen deutschen Städten erste sogenannte »Schandausstellungen« organisiert, in denen avantgardistische Kunst öffentlich diffamiert wurde. Eine der ersten dieser Ausstellungen fand 1933 in Mannheim statt. Bereits vor der Eröffnung wurde Chagalls Gemälde *Die Prise (Rabbiner)* aus der Sammlung der Kunsthalle Mannheim auf einem Wagen durch die Stadt gezogen und von einer johlenden Menge beschimpft. Chagall reagierte auf diese Entwicklungen und auf die zunehmende Bedrohung mit dem Gemälde *Einsamkeit* (22), das einen Juden mit Torarolle in der Pose der Melancholie vor einer brennenden Stadt zeigt. Das Gemälde ist stilistisch stark durch seine Arbeit an den Bibelillustrationen geprägt und vermittelt nicht nur das Gefühl von Isolation, sondern versinnbildlicht auch Chagalls Sorge um die Zukunft der Jüdinnen und Juden in Europa.

Chagall bemühte sich erstmals 1933 um die französische Staatsbürgerschaft. Sein Gesuch wurde jedoch aufgrund seiner Tätigkeit als Kommissar für die Schönen Künste für das sowjetische Russland abgelehnt – erst 1937 sollten er und Bella schließlich die französische Staatsbürgerschaft erhalten. Ebenfalls 1933 eröffnete in der Kunsthalle Basel eine umfassende Retrospektive mit 170 Arbeiten. 1935 besuchten Bella und Marc Chagall auf Einladung des Jüdischen Wissenschaftlichen Instituts (YIVO) die Stadt Vilnius, die damals zu Polen gehörte, um der Eröffnung des Museums für jüdische Kunst beizuwohnen. Für beide war es eine willkommene Gelegenheit, der alten Heimat so nahe wie möglich zu kommen. Vilnius war vor dem Zweiten Weltkrieg ähnlich wie Witebsk eine Stadt mit hohem jüdischen Bevölkerungsanteil. Chagall nutzte den Aufenthalt, um die Synagoge von Vilnius zu zeichnen, während in Bella die Idee reifte, ihre Kindheitserinnerungen auf Jiddisch niederzuschreiben. Beide waren auf der Reise zutiefst schockiert über den Antisemitismus, der sich mittlerweile durch tätliche Übergriffe auf offener Straße äußerte.

Zwei Jahre später eröffnete in München die Ausstellung »Entartete Kunst«, die anschließend für mehrere Jahre durch verschiedene deutsche Städte tourte. Diese Ausstellung war der Höhepunkt der nationalsozialistischen

40
41

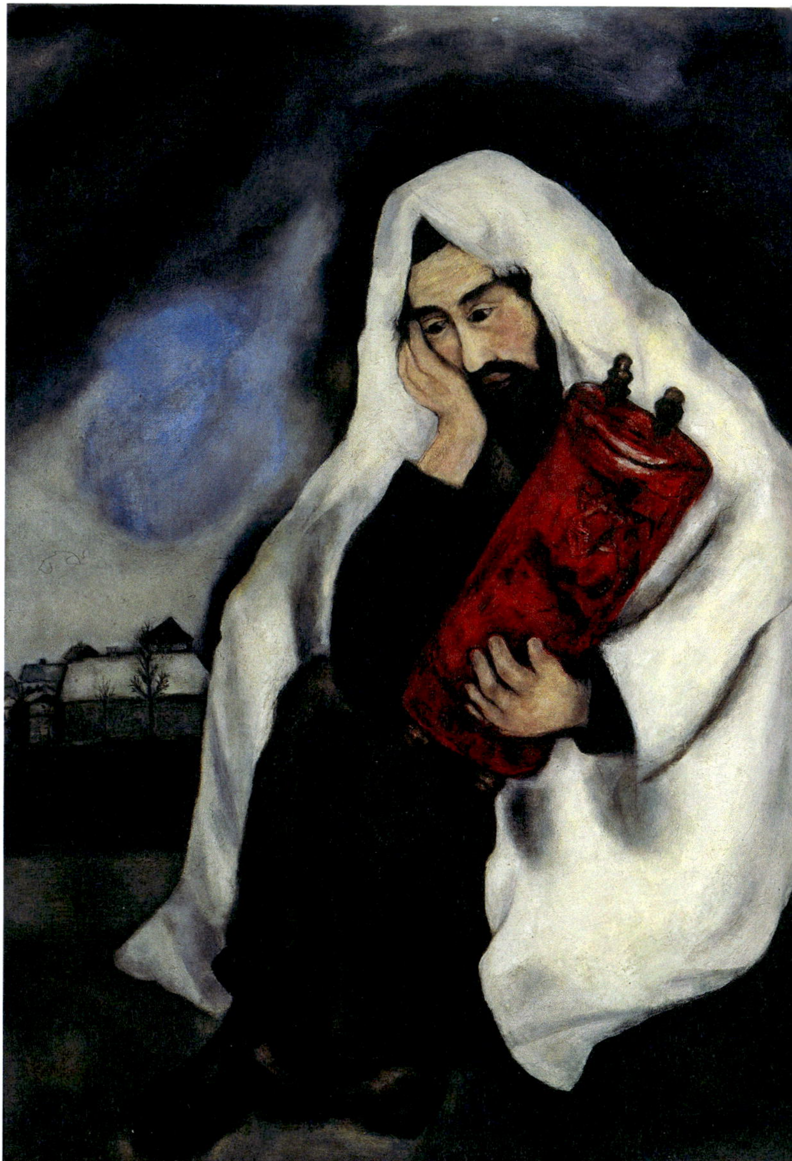

22 *Einsamkeit*, 1933, Öl auf Leinwand, 102 × 169 cm, Tel Aviv Museum of Art, Geschenk des Künstlers 1951

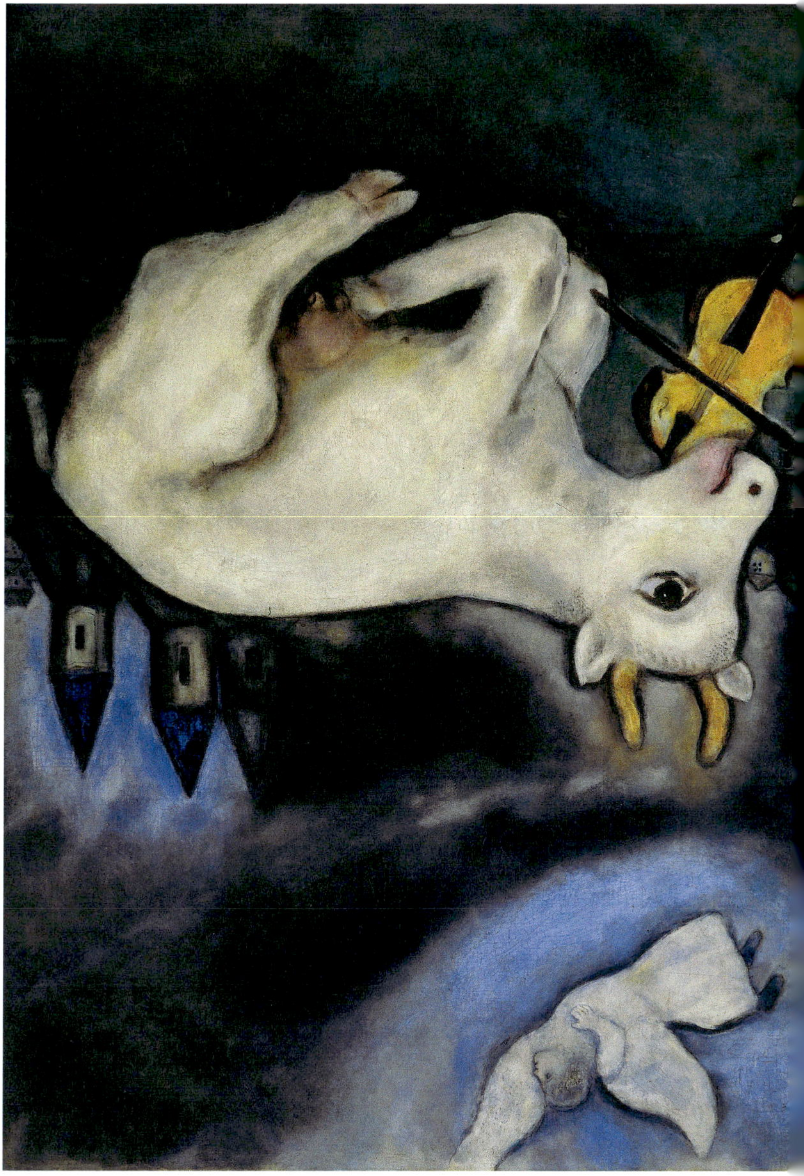

Kunstpropaganda und das Ergebnis der Aktion »Entartete Kunst«, bei der Tausende avantgardistische Werke aus öffentlichen deutschen Sammlungen entfernt worden waren. Von Chagall wurden die drei Gemälde *Purim*, *Die Prise (Rabbiner)* und *Winter* präsentiert. Gleichzeitig wurde die Situation für Jüdinnen und Juden in Deutschland immer lebensbedrohlicher. In der Nacht vom 9. auf den 10. Juni 1938 eskalierte die Lage endgültig. Bei organisierten Pogromen wurden Hunderte jüdische Menschen ermordet und Tausende verhaftet. Die Deportation in Konzentrationslager begann. Chagall, der die Ereignisse von Paris aus aufmerksam beobachtete, reagierte mit einem seiner wichtigsten Gemälde der 1930er-Jahre: *Die weiße Kreuzigung* (23). In diesem monumentalen Werk zeigt er Christus dezidiert als Juden am Kreuz. Das um die Hüfte geschlungene Tuch ist in Chagalls Darstellung ein jüdischer Gebetsschal (Tallit). Um die zentrale Kreuzigung herum sind in Anlehnung an die Tradition der Ikonenmalerei kleine, simultan stattfindende gewaltvolle Szenen zu sehen. Neben der Plünderung und Inbrandsetzung einer Synagoge wird die Ermordung von Menschen sowie ihre Flucht mit dem Boot thematisiert. Links im Vordergrund ist die Figur eines Mannes mit einem Schild um den Hals zu sehen, auf dem »Ich bin Jude« stand, als direkte Referenz auf aktuelle Repressalien gegen Juden in Deutschland. Dieses Detail wurde später übermalt. 1940 zeigte Chagall *Die Weiße Kreuzigung* zum ersten und letzten Mal vor Ausbruch des Krieges öffentlich in der Galerie Mai in Paris.

Kurz vor Kriegsbeginn flohen die Chagalls nach Saint-Dyé-sur-Loire und nur wenige Monate später im Mai 1940 vor der Invasion der deutschen Wehrmacht nach Gordes in der Provence. Sicher fühlte sich die Familie dennoch nicht. Chagalls Tochter Ida bemühte sich nach Kräften um eine Möglichkeit zur Auswanderung in die Vereinigten Staaten. Hilfe erhielten die Chagalls durch den US-amerikanischen Journalisten Varian Fry, der im Auftrag des Emergency Rescue Committee (ERC) vor allem Intellektuellen sowie Künstlerinnen und Künstlern zur Emigration verhalf. Ausgestattet mit einer Liste von Alfred Barr, dem Direktor des Museum of Modern Art in New York, und Einladungen zu Ausstellungen in den USA ermöglichte Fry den Chagalls die Ausreise.[18] Die finanziellen Mittel für die teure Überfahrt steuerten Helferinnen und Helfer aus den Vereinigten Staaten bei, darunter der Sammler Solomon R. Guggenheim und der deutsch-amerikanische Kunsthändler Curt Valentin. Über Marseille, wo Chagall kurzfristig inhaftiert wurde, und Spanien floh die Familie nach Lissabon. Chagall und Bella brachen im Mai 1941 per Schiff nach New York auf.

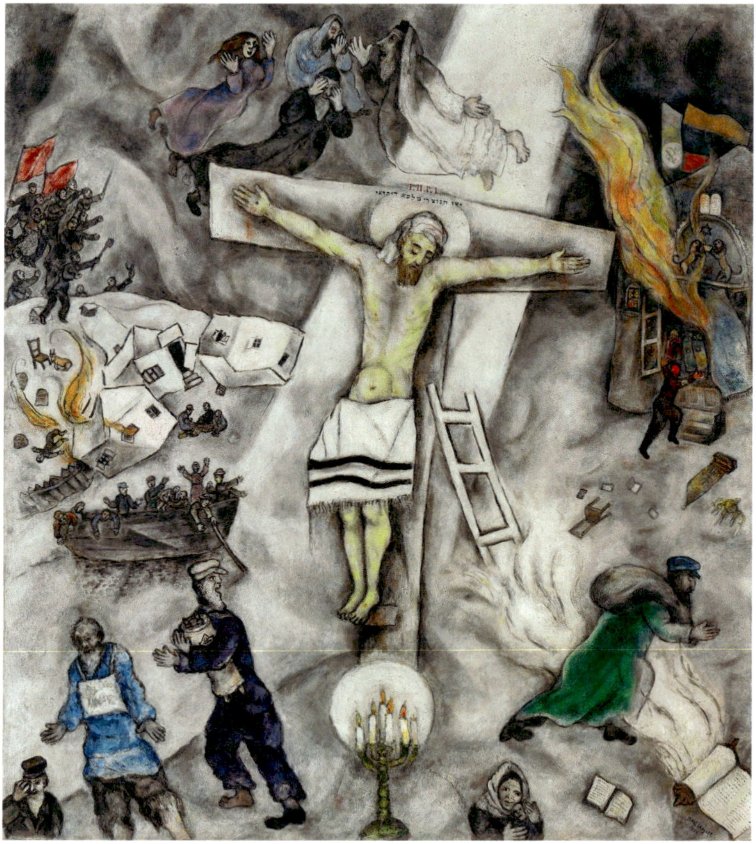

23 *Die weiße Kreuzigung*, 1938, Öl auf Leinwand, 154,6 × 140 cm, The Art Institute of Chicago

Am 21. Juni 1941, als die deutsche Wehrmacht in Russland einfiel, erreichten Marc und Bella Chagall New York. Der Künstler war überwältigt von der Stadt, deren Größe und Geschwindigkeit alles übertrafen, was er aus Europa kannte. Da weder er noch Bella Englisch sprachen, war New York auch sprachlich eine Herausforderung. Im Herbst erreichten auch Ida und ihr Ehemann, der Journalist Michel Rapaport, mit Chagalls Gemälden die Vereinigten Staaten. Ida, die Englisch sprach, war ihren Eltern in den kommenden Jahren eine große Hilfe und übernahm häufig die Korrespondenz. Ebenfalls im Herbst 1941 begann Chagall wieder mit der Arbeit. Anders als Paris und Witebsk hatte New York keinen Einfluss auf seine stilistische und thematische Entwicklung. Insbesondere das Thema der Kreuzigung beschäftigte ihn weiterhin, und mit Fortschreiten des Krieges wurden seine Darstellungen, wie *Apokalypse in Lila, Capriccio* (24) deutlich drastischer. Einfluss darauf hatten sicher auch die Nachrichten, die ihn aus Europa erreichten. Im Juli 1941 wurde Witebsk durch die deutsche Wehrmacht eingenommen und in großen Teilen zerstört.

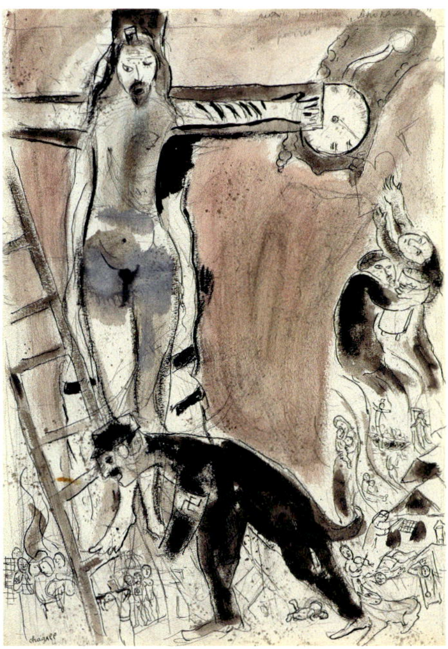

24 *Apokalypse in Lila, Capriccio*, 1945, Gouache, Bleistift, Tusche laviert und Tusche auf Papier, 51,2 × 35,5 cm, Ben Uri Collection

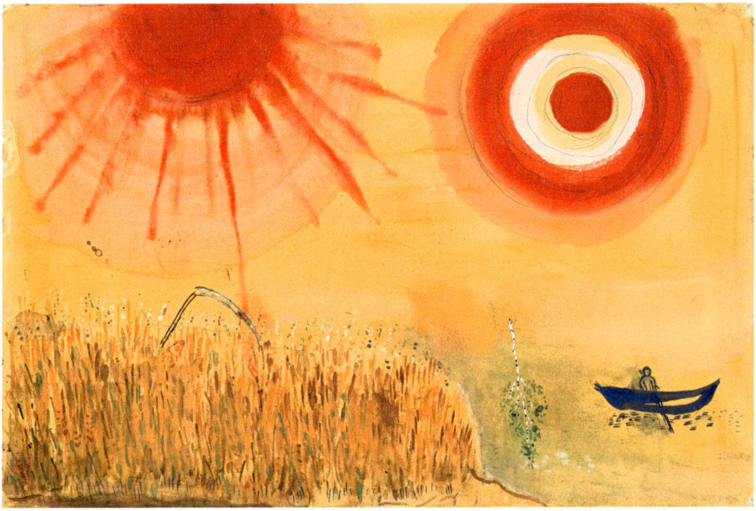

25 *Weizenfeld an einem Sommernachmittag*, Entwurf für das Bühnenbild des III. Akts von *Aleko*, 1942, Gouache, Aquarell und Bleistift auf Papier, 38,7 × 57,2 cm, Museum of Modern Art, New York

Mit dem Kunsthändler Pierre Matisse, dem Sohn des Künstlers Henri Matisse, hatte Chagall einen Galeristen gefunden, der seine Arbeiten bereits im Jahr seiner Ankunft in New York in einer ersten Ausstellung vorstellte. Im März 1942 zeigte er Chagalls Arbeiten zudem in der Ausstellung »Artists in Exile«, die großes Aufsehen erregte. Aber obwohl der Künstler in den Vereinigten Staaten bereits als bedeutender Vertreter der europäischen Moderne bekannt war, galt das Interesse des US-amerikanischen Publikums vorwiegend den Surrealisten. Gleichzeitig erstarkte der Abstrakte Expressionismus in New York. Jackson Pollock hatte 1943 seine erste Einzelausstellung in Peggy Guggenheims Galerie-Museum Art of This Century. Der Durchbruch gelang Chagall in den USA nicht mit einer Ausstellung, sondern mit einem Bühnenprogramm. Im Frühjahr 1942 beauftragte ihn der Choreograf und russische Emigrant Léonide Massine mit der Bühnengestaltung für das Ballett *Aleko* (25) nach einem Gedicht von Alexander Puschkin zur Musik von Pjotr Iljitsch Tschaikowski. Chagall stürzte sich abermals in die Arbeit und entwarf nicht nur die Bühnenbilder, sondern auch die Kostüme. Während die ersten Skizzen und Designs in New York entstanden, wurde die Produktion im August 1942 nach Mexiko City verlegt, wo im September die Uraufführung im Palacio de Bellas Artes stattfinden sollte. Die Wärme, das Licht und die Farben, denen Chagall in

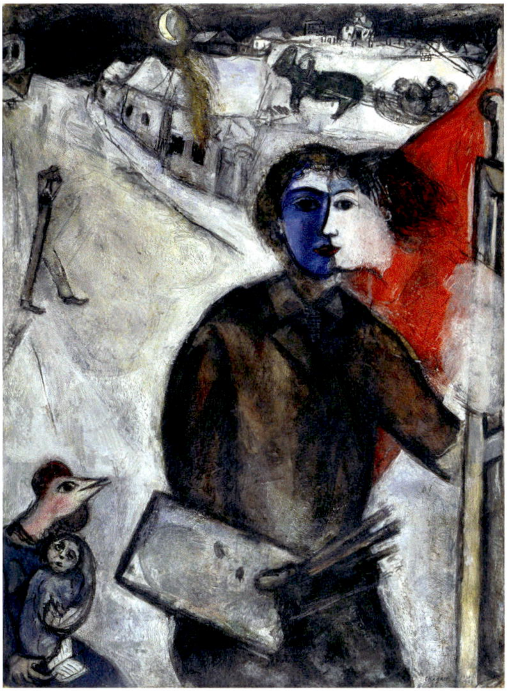

26 *Zwischen Dunkelheit und Licht*, 1938–43, Öl auf Leinwand, 100 × 73 cm, Louvre Abu Dhabi

Mexiko begegnete, flossen unmittelbar in die Produktion mit ein, die von seiner Frau Bella überwacht wurde. Die Premiere wurde zu einem großen Erfolg und auch die erste Aufführung in New York im Oktober 1942 wurde begeistert aufgenommen. In der lokalen Presse wurde Chagalls Design als eigentliches Highlight der Aufführung gefeiert. Die Arbeit an *Aleko* erleichterte Chagall sicherlich das Ankommen in den USA, indem sie ihm eine Aufgabe und ein Thema gab, das eng mit der Kultur seiner Heimat verbunden war. Durch die Bühnenproduktion sammelte Chagall erneut Erfahrung mit dem Arbeiten in monumentalen Formaten, die ihm bei den Großaufträgen der 1960er- und 1970er-Jahre nützlich werden sollte.

Wie zuvor in Paris zogen sich die Chagalls immer wieder gerne bei Ausflügen und längeren Aufenthalten aufs Land zurück, wo der Künstler die nötige Ruhe zum Arbeiten fand. Ein beliebtes Ziel war der Cranberry Lake in den Adirondack Mountains nördlich von New York, wo er mit Bella oft mehrere Monate verbrachte. Hier erfuhren sie auch im August 1944 von der Befreiung der geliebten

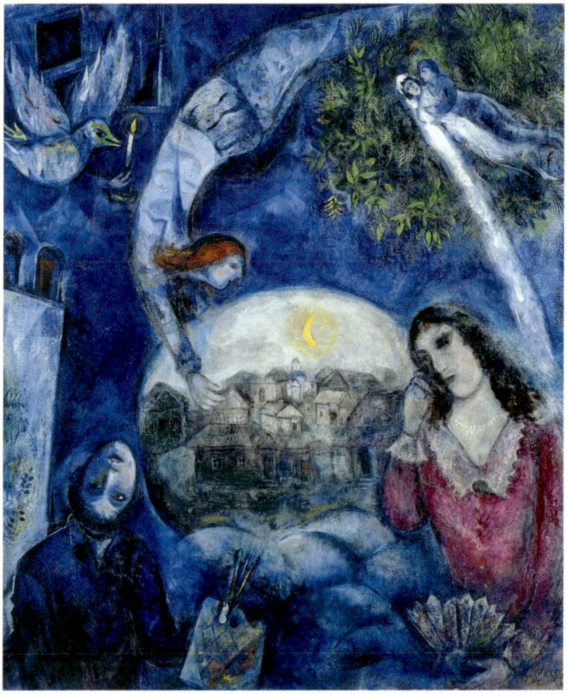

27 *Um sie herum*, 1945, Öl auf Leinwand, 131 × 109,5 cm, Musée national d'art moderne, Centre Georges Pompidou, Paris, Geschenk des Künstlers 1953

Stadt Paris – eine Nachricht, die beide mit Hoffnung erfüllte. Die gemeinsame Sehnsucht nach Frankreich und Russland gleichermaßen hatte Chagall 1943 in dem Gemälde *Zwischen Dunkelheit und Licht* (26), einem Doppelporträt in den französischen Nationalfarben, zum Ausdruck gebracht. Die Freude über die Befreiung von Paris und die Möglichkeit einer baldigen Rückkehr wurde am 2. September 1944 durch den plötzlichen Tod von Bella Chagall zerstört.

Nach Bellas Tod sah sich Chagall zunächst außerstande zu malen. Gemeinsam mit seiner Tochter Ida widmete er sich stattdessen der Publikation von Bellas Jugenderinnerungen, an denen sie seit den späten 1930er-Jahren gearbeitet hatte. Der erste Band *Brenendike likht* (Brennende Lichter) erschien 1945, der zweite Band *Di ershte bagegenish* (Erste Begegnung) wurde 1947 herausgegeben. Die 25 Illustrationen, die Chagall für *Brennende Lichter* anfertigte, gehörten zu den ersten Arbeiten, die nach Bellas Tod entstanden. Bei vielen von Chagalls Bildern, die er zwischen 1945 und 1948 malte, handelt es sich um Um- und Überarbeitungen bereits bestehender Gemälde. Auch die ersten

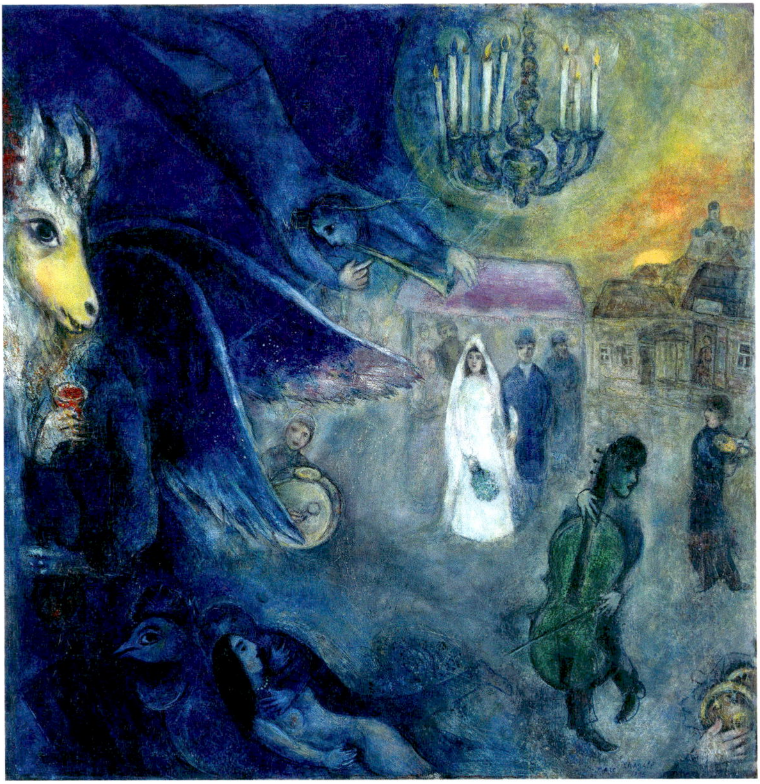

28 *Die Lichter der Hochzeit*, 1945, Öl auf Leinwand, 123 × 120 cm, Kunsthaus Zürich

beiden größeren Arbeiten, die er nach Bellas Tod anfertigte, *Um sie herum* (27) und *Die Lichter der Hochzeit* (28), gehen auf das ältere Gemälde *Die Zirkusleute* zurück, das Chagall in zwei Hälften zerschnitten hatte. Einzelne Elemente der ursprünglichen Komposition wie die Kugel mit der Ansicht von Witebsk in *Um sie herum* und der Ziegenkopf links in *Die Lichter der Hochzeit* arbeitete Chagall geschickt in die neuen Bildthemen ein. In beiden Gemälden stellte er die Erinnerungen an Bella und insbesondere ihre gemeinsame Zeit in Witebsk ins Zentrum. Im Sommer 1945 stellte Ida die junge Engländerin Virginia McNeil, geborene Haggard, als Haushälterin für ihren Vater ein. Kurz darauf begannen Chagall und die verheiratete Virginia eine Liebesbeziehung.

Die Gestaltung des Bühnenbildes und der Kostüme für das Ballett *Der Feuervogel* nach einer Choreografie von Adolph Bolm zur Musik von Igor Strawinsky war der erste öffentliche Auftrag nach Bellas Tod. Die Produktion der Designs wurde dieses Mal von Ida überwacht. Die farbenfrohen Zeichnungen für den *Feuervogel* beeinflussten Chagalls Arbeit für die Farblithografiefolge *Arabische Nächte*, die er zwischen 1945 und 1948 für den in die USA emigrierten deutschen Verleger Kurt Wolff anfertigte. Nach Ende des Krieges feierte Chagall sowohl in Europa als auch in den Vereinigten Staaten große Erfolge. Umfassende Retrospektiven fanden 1946 im New Yorker Museum of Modern Art und 1947 in Paris im Musée d'Art Moderne de Paris statt. Weitere Ausstellungen folgten im Stedelijk Museum in Amsterdam, in der Tate Gallery in London, im Kunsthaus Zürich und in der Kunsthalle Bern. Auch auf der Biennale von Venedig waren 1948 seine Werke zu sehen. Für die Vorbereitungen der Pariser Ausstellung reiste Chagall erstmals wieder nach Europa. Diese Reise verfestigte seinen Wunsch, nach Frankreich zurückzukehren. Allerdings dauerte es weitere zwei Jahre, bis er die Vereinigten Staaten 1948 endgültig

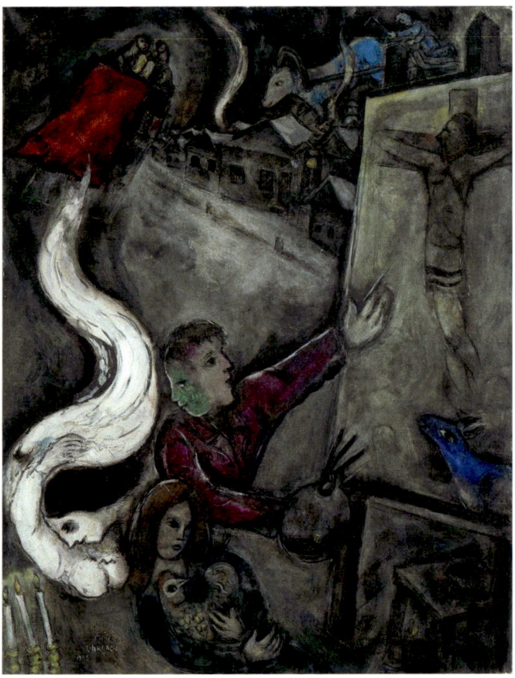

29 *Die Seele der Stadt*, 1945, Öl auf Leinwand, 107 × 82 cm, Musée national d'art moderne, Centre Georges Pompidou, Paris, dation 1988

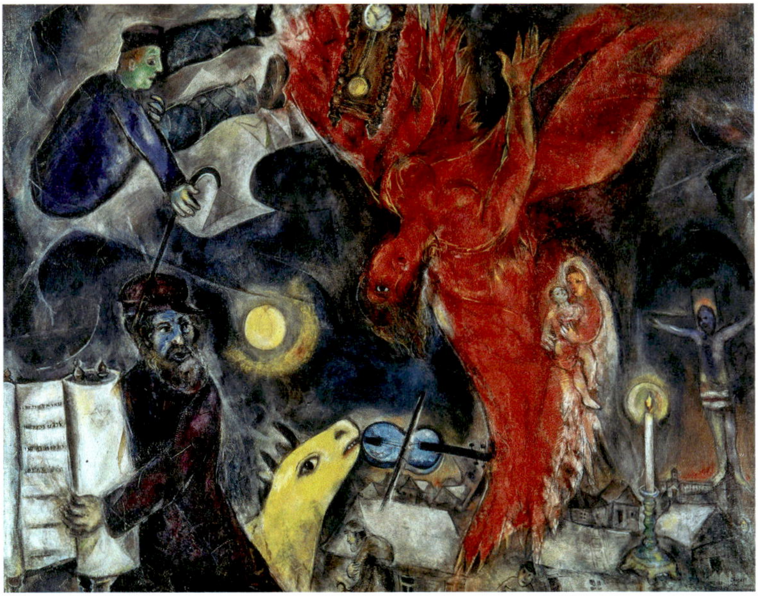

30 *Der Engelsturz*, 1923–33/1947, Öl auf Leinwand, 147,5 × 188,5 cm, Kunstmuseum Basel, Depot einer Privatsammlung

verließ. Neben organisatorischen Hürden war vor allem der Umstand, dass er Bellas Grab in den USA zurücklassen würde, ein Grund für sein Zögern. Darüber hinaus hatten seine Beziehung mit Virginia McNeil und die Geburt des gemeinsamen Sohnes David McNeil 1946 seine Lebensumstände stark verändert. Seine innere Zerrissenheit zwischen der Erinnerung an seine verstorbene Frau und seinem neuen Leben mit Virginia thematisierte er in einer Reihe von Gemälden wie *Die Seele der Stadt* (29).

Kurz vor seiner Rückkehr nach Europa vollendete Chagall das programmatische Bild *Der Engelsturz* (30), das er selbst als »das erste Bild der Serie von Vorahnungen«[19] bezeichnete. Begonnen hatte der Künstler das Gemälde bereits 1923 kurz nach seiner Ankunft in Paris. Über die nächsten 15 Jahre arbeitete er immer wieder an dieser Komposition. Fotografisch belegt ist ein zweiter, überarbeiteter Zustand aus dem Jahr 1933, in dem das Gemälde auch auf der großen Ausstellung im Kunstmuseum Basel gezeigt wurde. Zeichnungen aus den 1930er-Jahren verdeutlichen zudem, dass Chagall die Komposition immer wieder überdachte. In der finalen Überarbeitung, die dem heutigen Zustand entspricht, verdunkelte er die Farbgebung noch einmal und fügte Bildelemente wie das Kreuzigungsmotiv hinzu. Auch den Ausdruck des Engels, der mit erschrockenen, weit aufgerissenen Augen auf die Welt stürzt, wurde noch einmal verändert. Der Engel ist nun nicht mehr die Ursache des Schreckens auf der Welt, sondern gibt vielmehr dem Entsetzen über die Brutalität des Krieges ein Gesicht.

FRANKREICH

Nach seiner Rückkehr nach Europa 1948 ließ sich Chagall mit Virginia zunächst in Orgeval westlich von Paris nieder. Dank der zahlreichen Ausstellungen der letzten Jahre gehörte er mittlerweile zu den bedeutendsten Künstlern der Moderne. Eine besondere Rolle kam ihm zudem als Gegner und Verfolgtem des Faschismus zu. Anders als Zeitgenossinnen und Zeitgenossen, die sich dem Regime angedient hatten, standen er und andere Exilkünstlerinnen und -künstler für eine antifaschistische Haltung und für die Kontinuität der Moderne nach dem Ende des Krieges. Aufgrund seines großen Bekanntheitsgrades und seiner Popularität fiel es Chagall nicht schwer, in Aimé Maeght einen neuen Galeristen und in Tériade einen neuen Verleger zu finden. Anfang der 1950er-Jahre beschloss er, sich im Süden Frankreichs niederzulassen, und zog mit seiner Familie nach Vence, wo sie die Villa Les Collines bezogen. Unter dem Einfluss der Landschaft und insbesondere des Lichtes im Süden Frankreichs begann sich seine Malerei abermals zu verändern. Die dunkle Tonalität der Gemälde der unmittelbaren Nachkriegszeit wich leuchtenden Farben. Die Beziehung zu Virginia zerbrach 1951 nach sieben gemeinsamen Jahren. Wieder war es Ida, die ihrem Vater die in Kiew geborene Valentina Brodsky, genannt Vava, vorstellte. Vava, die einen ähnlichen biografischen Hintergrund wie Chagall hatte, brachte nach der turbulenten Beziehung zu Virginia wieder Ruhe und Stabilität in sein Leben. Ihre Hochzeitsreise führte das Paar über Rom nach Griechenland. Chagall nutzte diese Reise auch als Vorbereitung für seine Illustrationen zu *Daphnis und Chloe.*

1954 fand in der Galerie Maeght in Paris eine Ausstellung mit 29 neuen Gemälden und Lithografien statt. Es war Chagalls erste Ausstellung in der französischen Hauptstadt seit der umfassenden Retrospektive 1947. Unter den ausgestellten Werken befand sich auch das Gemälde *Die roten Dächer* (32). In dieser Arbeit zeichnet sich durch das kräftige Rot bereits der Wandel in Chagalls Malerei ab. Links im Bild schwebt der Künstler über der Stadt

Witebsk, während Paris in der oberen linken Ecke sichtbar wird. Neben ihm erscheinen ein Liebespaar sowie ein Jude mit Torarolle. Inhaltlich knüpft das Bild an *Selbstbildnis mit sieben Fingern* und *Paris durch das Fenster an*, in denen Chagall seine Verbundenheit mit beiden Städten thematisierte. *Die roten Dächer* wurde 1955 auf der ersten documenta-Ausstellung in Kassel ausgestellt. Chagall blieb der Eröffnung jedoch fern – nach Ende des Zweiten Weltkrieges, als die Verbrechen des Holocaust international bekannt wurden, hatte er sich geschworen, nie wieder deutschen Boden zu betreten.

Bereits in den 1950er-Jahren begann Chagall, sich mit verschiedenen neuen Materialien zu beschäftigen. Neben Malerei, Zeichnungen und Druckgrafiken fertigte er nun auch Keramiken, Skulpturen aus Stein und Bronze sowie Tapisserien an. Sein besonderes Interesse galt aber der Glasmalerei. Die Leinwandmalerei gab er nie auf, aber sie verlor spätestens ab den 1960er-Jahren zunehmend an Bedeutung. An ihre Stelle traten monumentale Großaufträge, die an seine Theaterproduktionen aus den 1940er-Jahren anknüpften. Bereits 1958 erhielt er den Auftrag für die Bühnen- und Kostümgestaltung der Aufführung

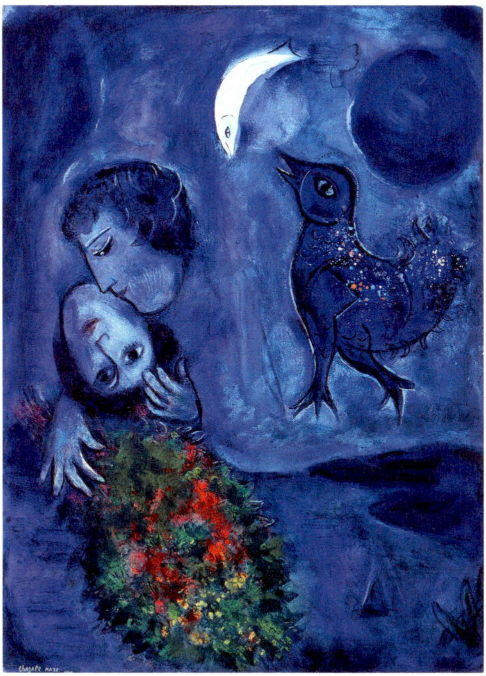

31 *Landschaft in Blau*, 1949, Gouache und Pastell auf Papier, 79 × 57,5 cm, Von der Heydt Museum, Wuppertal

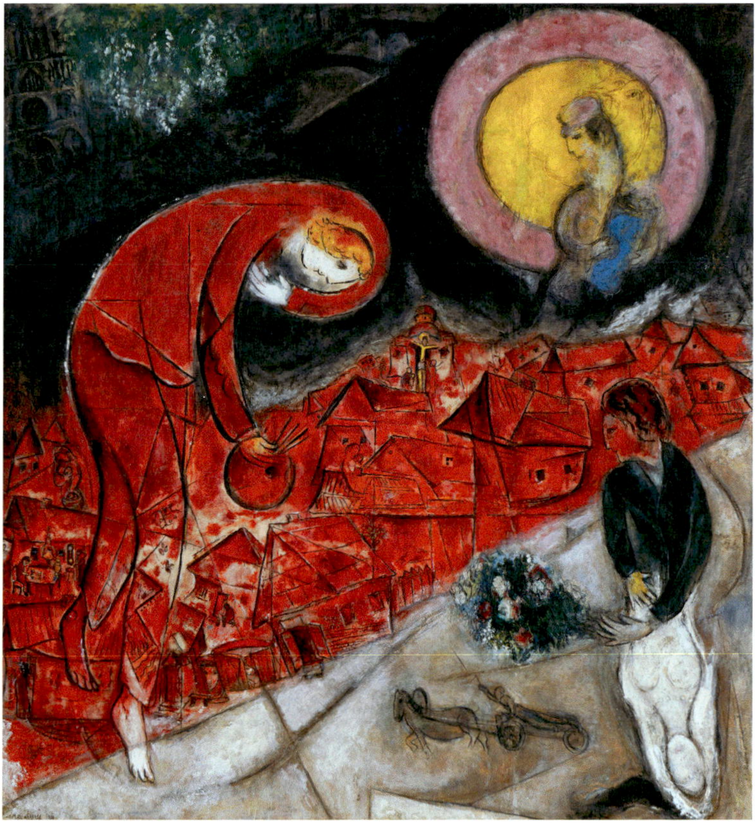

32 *Die roten Dächer*, 1953, Öl auf Leinwand, 229 × 213 cm, Musée national d'art moderne, Centre Georges Pompidou, Paris, dation 1988

von Ravels *Daphnis und Chloe* an der Opéra Garnier in Paris. Im selben Jahr entstand auch ein großformatiges Gemälde für das Foyer der Städtischen Bühnen in Frankfurt am Main.

Neben diesen ersten großen Aufträgen waren es vor allem seine Entwürfe für Glasfenster, die Chagall in seinen letzten Arbeits- und Lebensjahrzehnten beschäftigten.[20] Der große Erfolg, den seine Glasfenster feierten, hing sicher auch mit der sehr fruchtbaren Kooperation mit dem Glasatelier von Charles Marq und Brigitte Simon in Reims zusammen, wo die Entwürfe des Künstlers in Glas übertragen wurden. Chagall entwickelte seine Glasfenster über mehrere Entwurfsphasen. Zunächst fertigte er kleinformatige Farbcollagen und

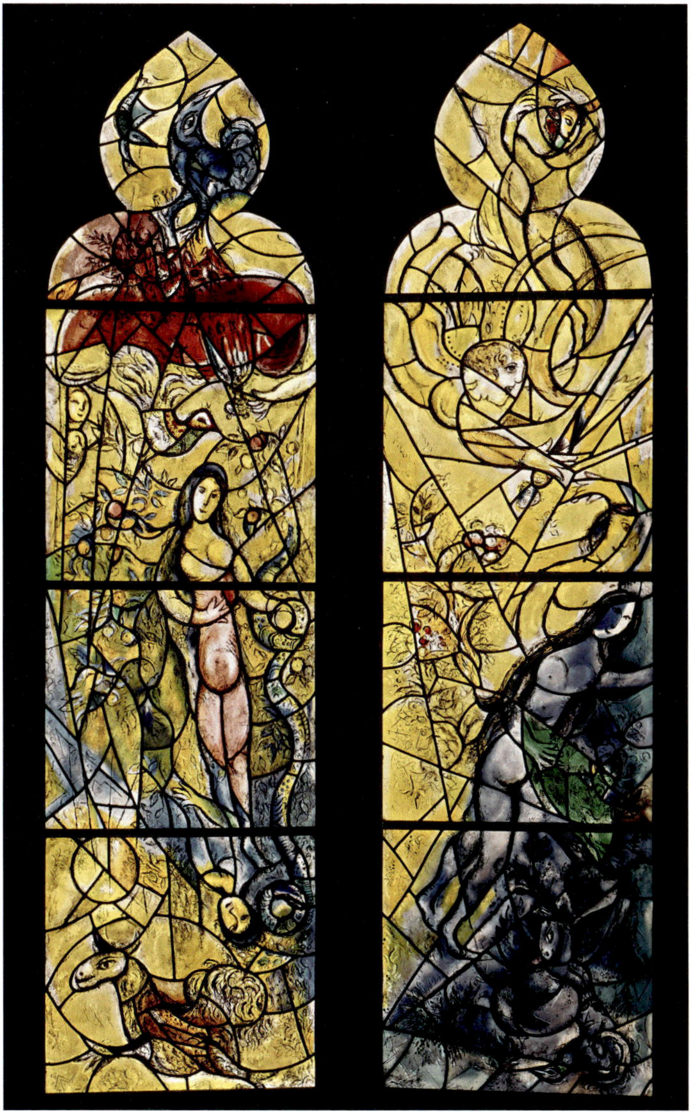

33 *Vertreibung aus dem Paradies*, 1963–64, Glasfenster, je 355 × 90 cm, Kathedrale Saint-Étienne, Metz

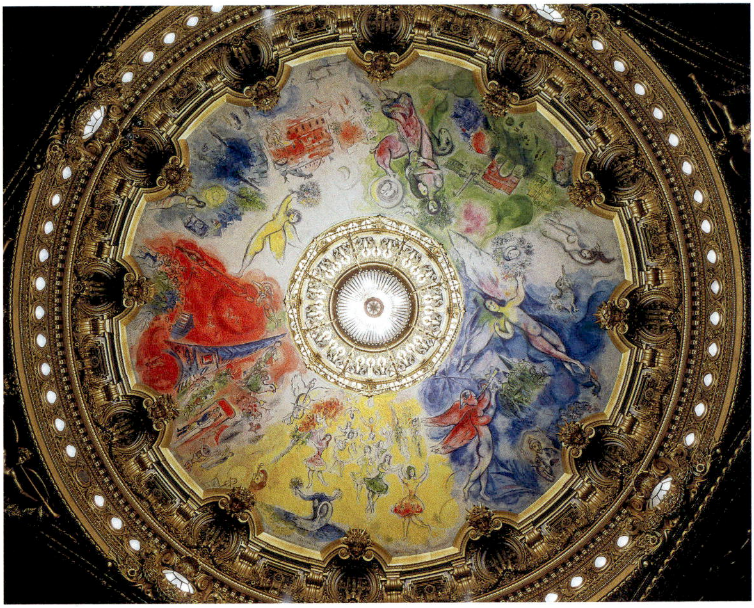

34 Deckengemälde in der Opéra Garnier, Paris, 1964

Zeichnungen, die er anschließend in detailliertere Gouachen übertrug. Diese dienten dem Glasatelier als Grundlagen für die Kartons, anhand derer die Fenster angefertigt wurden. 1959 erhielt Chagall seinen ersten Auftrag für die Gestaltung von Glasfenstern für die Kathedrale Saint-Étienne in Metz (33). Nur wenig später wurden bei ihm Entwürfe für zwölf Glasfenster für die Synagoge im Hadassah Hospital in Jerusalem angefragt. Während sich die Arbeit an den Metzer Fenstern bis 1976 hinzog, konnten die Hadassah-Fenster bereits 1961 fertiggestellt werden. Vor ihrem Transport nach Israel wurden sie sowohl im Musée des Arts Décoratifs in Paris als auch im Museum of Modern Art in New York ausgestellt. Dort sahen sie David Rockefeller und seine Frau Margaret, genannt Peggy, die daraufhin Chagall mit einem Fenster für ihre Familienkapelle im Hudson Valley beauftragten. Auf ähnliche Weise kamen in den folgenden Jahren zahlreiche Aufträge zustande. Chagall entwarf bis in die späten 1970er-Jahre weitere Fenster für das Frauenmünster in Zürich (1970 und 1978), die Kathedrale Notre-Dame in Reims (1974) und die Pfarrei St. Stephan in Mainz (1978). 1965 erhielt er einen Auftrag über drei monumentale Wandteppiche und zwölf Mosaike für den Sitz des israelischen Parlaments, die Knesset. Zu den

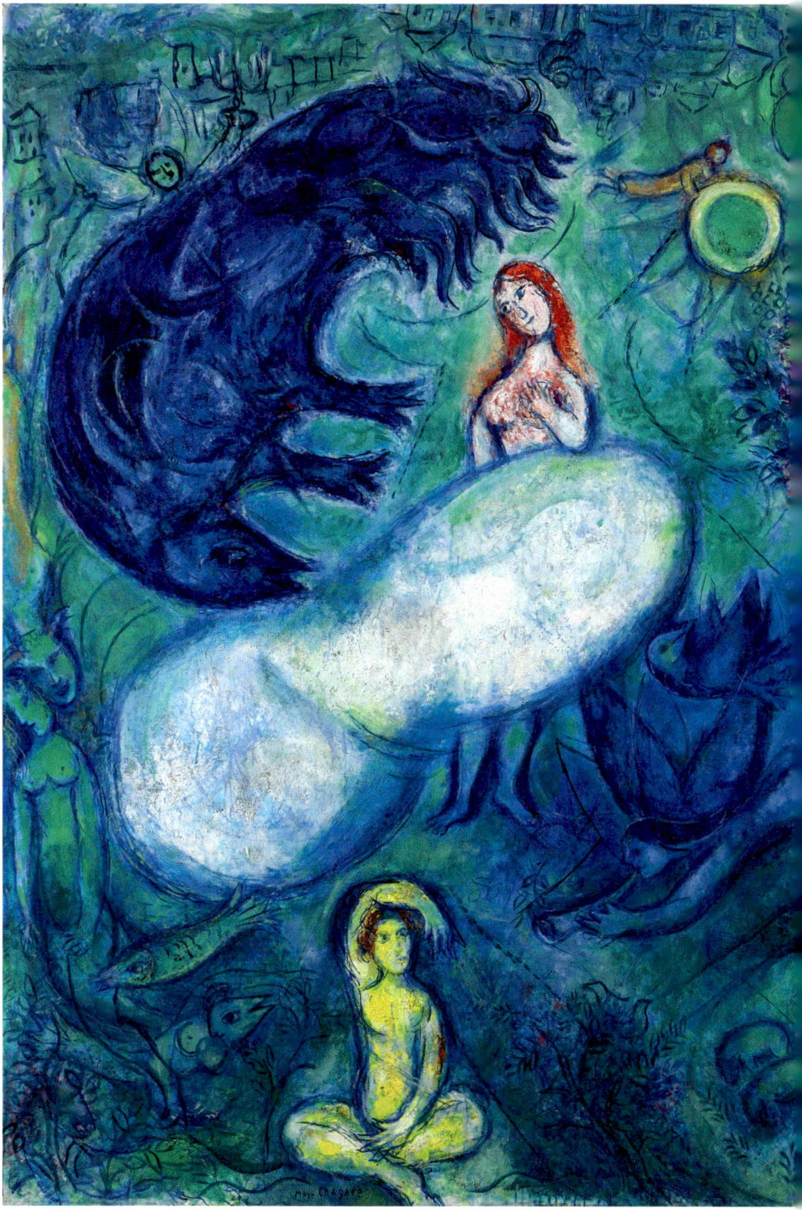

35 *Das Paradies*, 1961, Öl auf Leinwand, 198 × 288 cm, Musée national Marc Chagall, Nizza

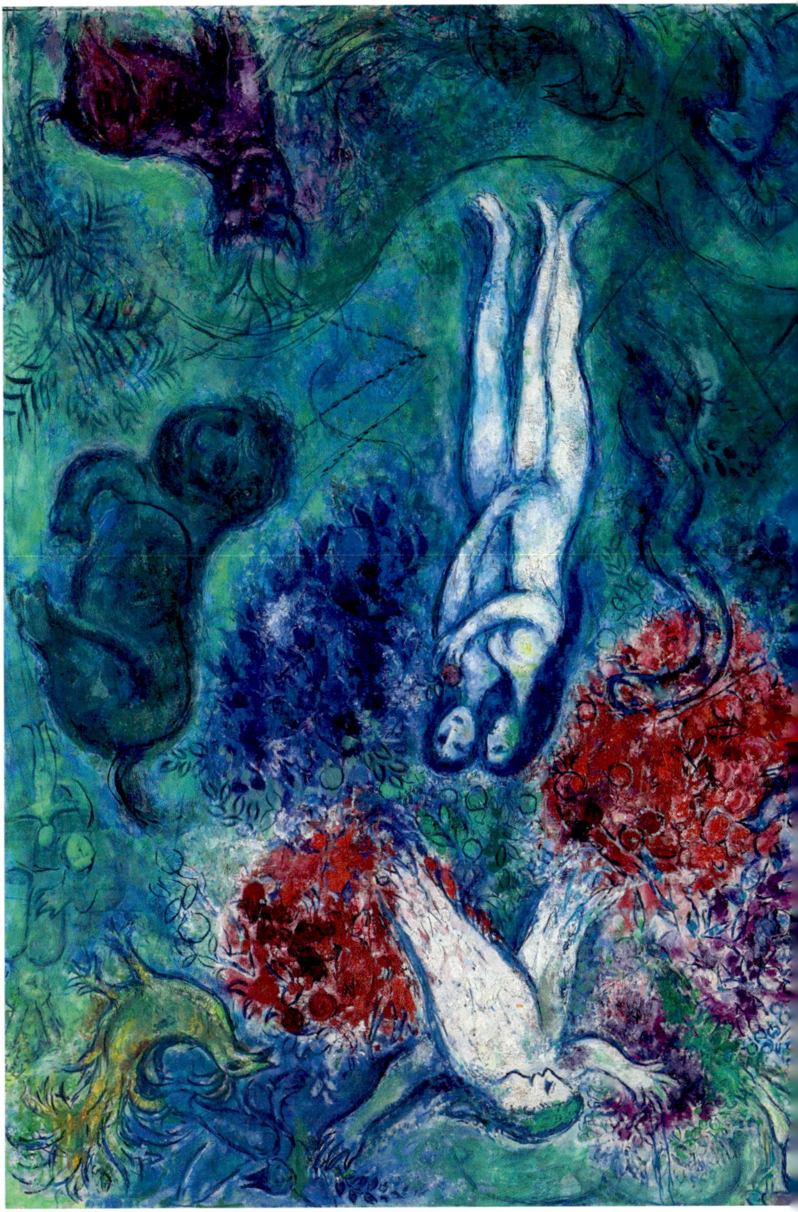

bedeutendsten Aufträgen in den 1960er-Jahren zählt insbesondere Chagalls Deckengemälde für die Pariser Opéra Garnier (34). Aufgeteilt in zwölf Sektionen stellt das monumentale Plafond Szenen aus Balletten und Opern vor, die das Thema »Liebe« behandeln, darunter Mozarts *Zauberflöte*, Wagners *Tristan und Isolde*, Berlioz' *Romeo und Julia* und Ravels *Daphnis und Chloe*.
Eines seiner wichtigsten und vielleicht persönlichsten Projekte war in den 1960er- und 1970er-Jahren die Realisierung eines Museums für seine monumentalen Bibel-Darstellungen. Seit dem ersten Gemälde mit biblischem Thema, *Golgatha*, über die Bibelillustrationen für Vollard bis hin zu den Kreuzigungsszenen der Kriegsjahre spielten die Bibel und insbesondere das Alte Testament immer wieder eine zentrale Rolle im Werk von Chagall. In den letzten Lebensjahrzehnten verstärkte sich noch einmal sein Interesse für biblische Themen. Höhepunkt dieser Beschäftigung waren die 17 großformatigen Leinwände der Reihe *Biblische Botschaft*, für die sich Chagall einen eigenen Ort wünschte (35). 1969 wurde der Grundstein für das Musée national du Message Biblique Marc-Chagall (heute Musée national Marc Chagall) gelegt, das 1973 eröffnet wurde. Neben den 17 Gemälden schenkte der Künstler dem Museum rund 250 seiner Werke mit inhaltlichem Bezug zur Bibel und legte damit den Grundstock für die Sammlung des Museums. Bereits zu seinen Lebzeiten schuf er sich so mit Unterstützung des französischen Staates ein dauerhaftes Denkmal.

Eine besondere Ehre wurde Chagall 1977 zuteil, als das Musée du Louvre ihn anlässlich seines 90. Geburtstags mit einer Einzelausstellung ehrte. Chagall war nach Picasso erst der zweite lebende Künstler, dem das Museum eine Retrospektive ausrichtete. Bis wenige Tage vor seinem Tod am 28. März 1985 arbeitete er weiter in seinem Atelier in Saint-Paul-de-Vence. Chagall erreichte das wahrlich biblische Alter von 97 Jahren.

ILKA VOERMANN *war nach Stationen im Kunstmuseum Stuttgart und in den Harvard Art Museums als Kuratorin an der Schirn Kunsthalle tätig. Dort kuratierte sie 2022 die Ausstellung* Chagall. Welt in Aufruhr. *Seit August 2022 ist sie Leiterin der Grafischen Sammlung in der Berlinischen Galerie.*

1 Zitiert nach Marc Chagall, *Mein Leben*, Stuttgart 1959, S. 108f.

2 Zitiert nach Marc Chagall, »To my City, Vitebsk« (Februar 1944), in: *Marc Chagall on Art and Culture*, hrsg. von Benjamin Harshav, Stanford 2003, S. 91ff. Übersetzung der Autorin.

3 Jackie Wullschlager, *Chagall. Love and Exile*, London 2008, S. 147f.

4 Als Berta (auch Basha) Rosenfeld geboren, nahm sie in den 1920er-Jahren in Paris offiziell den Namen »Bella« an. Wullschlager 2008 (wie Anm. 3), S. 91.

5 Zitiert nach Edouard Roditi, *Dialogues in Art*, London 1961, S. 37. Übersetzung der Autorin.

6 Zitiert nach Pierre Schneider, »Louvre Dialogues«, in: Harshav 2003 (wie Anm. 2), S. 155. Übersetzung der Autorin.

7 Marc Chagall, »Quelques impressions sur la peinture française« (Original in: *Renaissance. Revue trimestrielle publiée par l'École Libre des Hautes Études de New York* 2–3, 1944–45), in: Robert B. Heywood (Hrsg.), *Works of the Mind*, Chicago 1947, S. 25. Übersetzung der Autorin.

8 Ebd. Übersetzung der Autorin.

9 Zu den frühen Jahren siehe *Chagall. Die Jahre des Durchbruchs 1911–1919*, hrsg. von Josef Helfenstein und Olga Osadtschy, Ausst.-Kat. Kunstmuseum Basel/Guggenheim Museum Bilbao, Köln 2017.

10 Zu Chagalls Erfolg, aber auch seiner späteren Verfolgung, siehe *Verehrt und verfemt. Chagall und Deutschland*, hrsg. von Georg Heuberger und Monika Grütters, Ausst.-Kat. Jüdisches Museum Frankfurt a. M./Max-Liebermann-Haus der Stiftung Brandenburger Tor, Berlin, München u.a. 2004.

11 Zitiert nach Chagall 1959 (wie Anm. 1), S. 137.

12 Siehe *Chagall, Lissitzky, Malévitch. L'avant-garde russe à Vitebsk. 1918–1922*, hrsg. von Angela Lampe, Ausst.-Kat. Centre Pompidou, Paris/Jewish Museum New York, Paris 2018.

13 Avram Kampf, »Chagall im Jiddischen Theater«, in: *Marc Chagall. Die russischen Jahre. 1906–1922*, hrsg. von Christoph Vitali, Ausst.-Kat. Schirn Kunsthalle Frankfurt, Frankfurt a. M. 1991, S. 90–111.

14 Zitiert nach Chagall 1959 (wie Anm. 1), S. 163.

15 Zitiert nach Ambroise Vollard, *Recollections of a Picture Dealer*, New York 1978, S. 260. Übersetzung der Autorin.

16 Marc Chagall in einem Interview mit Jacques Guenne für *L'Art vivant*, zitiert nach Benjamin Harshav, *Marc Chagall and his Times. A Documentary Narrative*, Stanford 2004, S. 345. Übersetzung der Autorin.

17 Zitiert nach Ingo F. Walther und Rainer Metzger, *Marc Chagall 1887–1985. Malerei als Poesie*, Köln 2012, S. 61.

18 Siehe *Chagall. Love, war, and exile*, hrsg. von Susan Tumarkin Goodman, Ausst.-Kat. Jewish Museum New York, New Haven/London 2013.

19 Zitiert nach Ziva Amishai-Maisels, »Chagall und der Holocaust«, in: Heuberger/Grütters 2004 (wie Anm. 10), S. 124–133, hier S. 124.

20 Siehe *Chagall. Le passeur de lumière*, hrsg. von Elia Biezunski, Ausst.-Kat. Centre Pompidou Metz/Musée national Marc Chagall, Metz 2020.

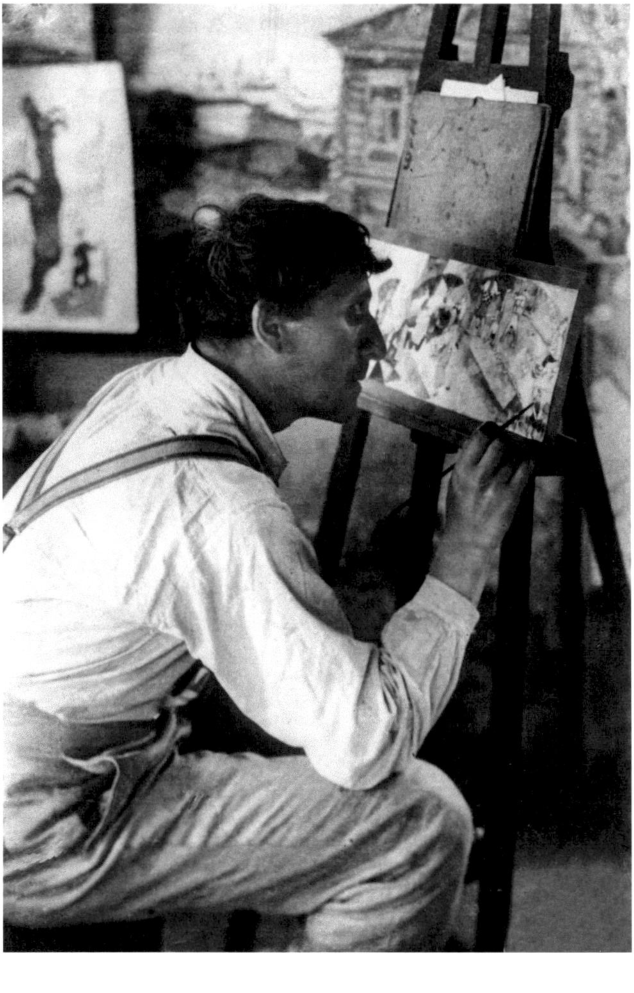

36 Marc Chagall, 1922 in Malakhovka, mit einer Skizze für
Die Einführung in das Jüdische Theater, Archiv Marc und Ida Chagall, Paris

BIOGRAFIE

Marc Chagall
1887–1985

1887–1906 Marc Chagall wird am 7. Juli 1887 in Witebsk (Russisches Kaiserreich, heute: Belarus) geboren. Er ist das älteste von neun Kindern. Sein Vater Sachar arbeitet in einem Heringslager, seine Mutter Feiga-Ita führt ein kleines Lebensmittelgeschäft. Chagall wächst in einem durch das chassidische Judentum geprägten Umfeld auf und besucht zunächst die jüdische Elementarschule (Cheder). Anschließend wechselt er an die städtische Schule.

1906–1908 Um 1906 beginnt Chagall, die Malschule des dem Realismus verpflichteten Malers Jehuda Pen zu besuchen. Nur ein Jahr später zieht er nach St. Petersburg, die damalige Hauptstadt des Russischen Kaiserreichs. Als Jude benötigt Chagall eine gesonderte Aufenthaltsgenehmigung. Bis 1908 studiert er an der liberalen Malschule der Kaiserlichen Gesellschaft zur Förderung der Künste.

1909 Chagall lernt seine zukünftige Ehefrau Bella Rosenfeld, Tochter eines wohlhabenden Juweliers, kennen. Seine künstlerische Ausbildung setzt er an der antiakademischen Swanzewa-Schule unter Léon Bakst fort. Hier kommt er in Kontakt mit der Malerei der französischen Avantgarde.

1911–1914 Über Berlin reist Chagall 1911 erstmals nach Paris. Er bezieht ein Atelier in der Künstlerkolonie La Ruche im 15. Arrondissement. Neben ihm arbeiten hier unter anderem Alexander Archipenko, Fernand Léger, Amedeo Modigliani, Moissey Kogan und Chaïm Soutine. Zudem macht er die Bekanntschaft der Schriftsteller Guillaume Apollinaire und Blaise Cendrars. 1912 und auch in den folgenden Jahren beteiligt er sich am Salon des Indépendants. 1914 zeigt Herwarth Walden in seiner Berliner Galerie »Der Sturm« Chagalls erste Einzelausstellung. Im Anschluss kehrt der Künstler in seine Heimatstadt Witebsk zurück. Seine geplante Rückkehr nach Paris wird durch den Ausbruch des Ersten Weltkrieges verhindert.

1915–1919 Chagall und Bella Rosenfeld heiraten im März 1915 und lassen sich in St. Petersburg (seit 1914 Petrograd) nieder. Im folgenden Jahr wird ihre Tochter Ida geboren. Durch die Reformen der Oktoberrevolution 1917 erhält Chagall als Jude das volle Bürgerrecht. Gemeinsam mit Frau und Tochter kehrt er nach Witebsk zurück. 1918 wir er zum Kommissar der Schönen Künste in der Region um Witebsk ernannt und gründet in seiner Heimatstadt eine öffentliche Kunstakademie. Zahlreiche renommierte Künstlerinnen und Künstler lehren

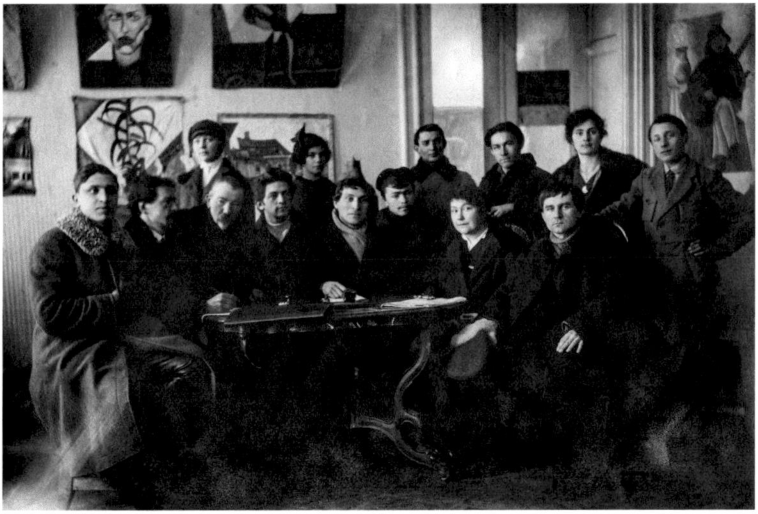

37 Lehrende der Witebsker Kunstschule, Winter 1919. Sitzend: Jehuda Pen (dritter v. l.), Marc Chagall (mittig), Vera Ermolaeva (zweite v. r.), Kasimir Malewitsch (rechts). Archiv Marc und Ida Chagall, Paris

38 Marc, Bella und Ida Chagall im Atelier in der 110 Avenue d'Orléans, Paris, um 1923–24. Foto: Thérèse Bonney. Archiv Marc und Ida Chagall, Paris

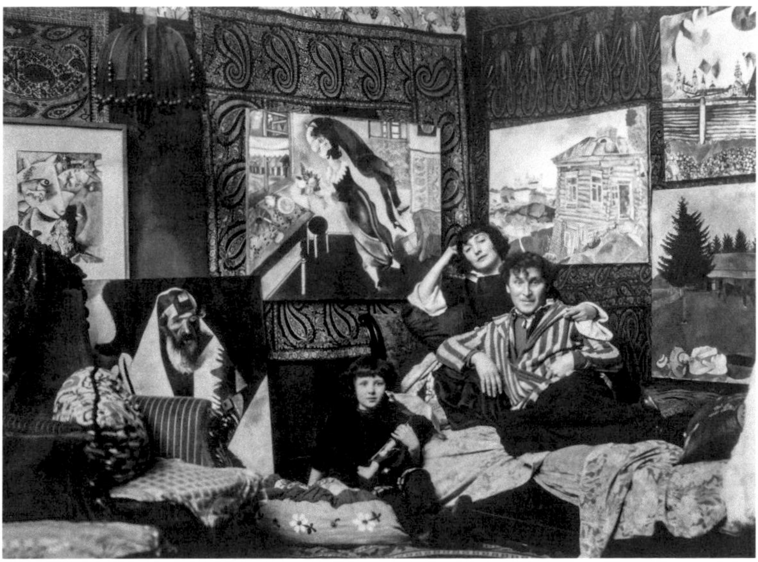

an der Schule, unter ihnen Chagalls Lehrer Jehuda Pen, El Lissitzky und Kasimir Malewitsch (37). Als dieser mit seinem Suprematismus Chagall aus der Akademie drängt, zieht er mit seiner Familie nach Moskau.

1920–1922 In Moskau entwirft Chagall Bühnenbilder für das staatliche jiddische Kammertheater. 1922 sieht er sich gezwungen, Russland zu verlassen, und reist nach Berlin. Seine Frau und seine Tochter folgen ihm. In Berlin erlernt Chagall unterschiedliche druckgrafische Techniken.

1923–1926 Gemeinsam mit seiner Familie zieht Chagall nach Paris (38). Der Verleger Ambroise Vollard beauftragt ihn mit jeweils einer grafischen Folge zu Nicolai Gogols *Die toten Seelen* und Jean de La Fontaines *Fabeln*. In den folgenden Jahren werden Chagalls Werke in großen Einzelausstellungen in Frankreich, Deutschland und den USA präsentiert.

1931 Auf Einladung von Meïr Dizengoff reist Chagall mit seiner Familie nach Tel Aviv. Dort nimmt er an der Grundsteinlegung für das Tel Aviv Museum teil und hält auf seiner Reise durch Palästina das jüdische Leben malerisch fest (39). Die Zeichnungen und Gemälde, die auf dieser Reise entstehen, bilden eine wichtige Grundlage für seine Arbeit an den Bibelillustrationen, mit denen ihn Vollard kurz zuvor beauftragt hat. Chagalls autobiografischer Text *Ma Vie* wird auf Französisch publiziert.

1933–1937 Nach der Machtergreifung der Nationalsozialisten finden in vielen deutschen Städten erste sogenannte »Schand-Ausstellungen« statt, auf denen die Kunst moderner und jüdischer Künstlerinnen und Künstler öffentlich diffamiert wird. Eine der ersten Schauen dieser Art ist die Ausstellung »Kulturbolschewistische Bilder« in der Kunsthalle Mannheim. Bereits vor der Eröffnung wird Chagalls Gemälde *Die Prise (Rabbiner)* an den Pranger gestellt und in verschiedenen Mannheimer Geschäften dem »Publikum zur Kritik vorgelegt«. Im Zuge der Aktion »Entarte Kunst« werden später zahlreiche Werke Chagalls aus öffentlichen Sammlungen in Deutschland entfernt. Auf der gleichnamigen Ausstellung in München 1937 werden drei seiner Gemälde öffentlich diffamiert. Angesichts der politischen Lage bemüht sich Chagall erstmals 1933 um die französische Staatsbürgerschaft, die ihm zunächst aufgrund seiner Tätigkeit als Kunstkommissar in Russland nach der Oktoberrevolution versagt wird. Erst 1937 erhält er schließlich die Bewilligung. Im selben Jahr zeigt die Galerie

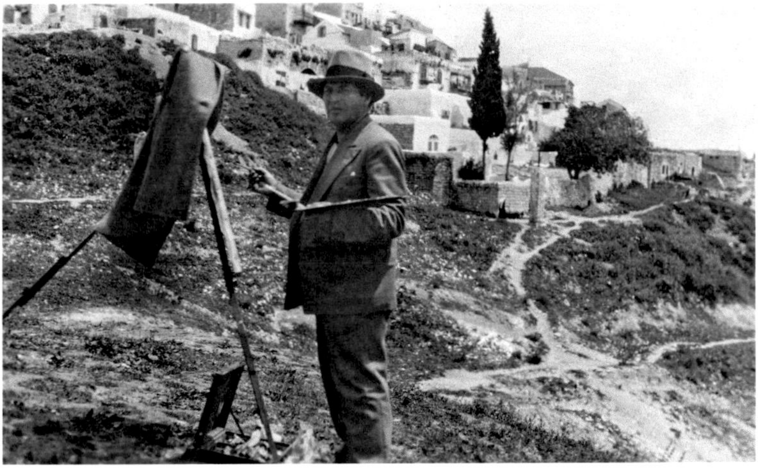

39 Marc Chagall an der Staffelei, Palästina, 1931. Archiv Marc und Ida Chagall, Paris

Mai in Paris Werke von Chagall auf ihrer Eröffnungsausstellung. Darunter sind Gemälde wie *Die Weiße Kreuzigung*, in denen sich Chagall gegen den Krieg positioniert und bereits vor der Verfolgung der Jüdinnen und Juden durch die Nationalsozialisten warnt.

1939–1940 Kurz vor Ausbruch des Zweiten Weltkrieges zieht Chagall mit Familie von Paris nach Saint-Dyé-sur-Loire. Im folgenden Jahr erwirbt er eine ehemalige katholische Mädchenschule in Gordes (Provence) und richtet dort sein Atelier ein.

1941–1943 Im Mai 1941 flüchten Chagall und seine Frau über Madrid und Lissabon nach New York. Seine Tochter Ida und ihr Ehemann folgen im Herbst mit Chagalls Gemälden. Die Emigration der Familie Chagall in die USA wurde ermöglicht durch eine Einladung des Museum of Modern Art in New York sowie den Einsatz des US-amerikanischen Journalisten Varian Fry für das Emergency Rescue Committee. Chagall und seine Frau lassen sich in New York nieder (40), wo sie mit vielen anderen Exilkünstlern wie Fernand Léger, Max Ernst oder André Masson verkehren. Pierre Matisse wird Chagalls Galerist. 1942 entwirft Chagall das Bühnenbild und die Kostüme für die Inszenierung des Balletts *Aleko* am American Ballet Theatre (41). Die Choreografie übernimmt Léonide Massine. Die Inszenierung feiert am 8. September 1942

Premiere und wird von der Kritik hochgelobt. Am 5. Mai 1943 wird Chagall die französische Staatsbürgerschaft durch das Vichy-Regime entzogen.

1944 Am 2. September verstirbt Bella Chagall an einer Virusinfektion. Zutiefst erschüttert vom plötzlichen Tod seiner Frau, sieht sich Chagall für neun Monate außer Stande zu arbeiten.

1945–1947 Gemeinsam mit seiner Tochter Ida beginnt Chagall mit der Übersetzung und Illustration der auf Jiddisch verfassten Erinnerungen seiner Frau Bella. *Brennende Lichter* erscheint 1945, *Erste Begegnung* 1947. Im Jahr 1946 entwirft er das Bühnenbild und die Kostüme für das Ballett *Der Feuervogel* von Igor Strawinsky. Chagall lernt die junge Engländerin Virginia McNeil kennen. Ihr gemeinsamer Sohn David McNeil wird im Juni 1946 geboren. In den folgenden Jahren wird Chagall mit zahlreichen großen Einzelausstellungen geehrt. Eine umfangreiche Retrospektive im Museum of Modern Art zeigt 144 seiner Werke und wird im Anschluss auch im Art Institute in Chicago gezeigt. 1947 findet als erste Einzelausstellung in Europa nach Ende des Krieges eine Schau im Musée d'Art Moderne de Paris statt.

1948–1952 Gemeinsam mit Virginia McNeil kehrt Chagall nach Europa zurück und lässt sich in der Nähe von Saint-Germain-en-Laye bei Paris nieder. Die Beziehung zerbricht 1951. Chagall macht die Bekanntschaft von Aimé Maeght, der sein Kunsthändler wird. 1949 beauftragt ihn der Kunstkritiker und Verleger Tériade mit der Illustration des spätantiken Romans *Daphnis und Chloe*. Im Frühjahr 1950 zieht Chagall wieder nach Südfrankreich, auf das Anwesen Les Collines in Vence.
Neben Gemälden und Zeichnungen widmet sich Chagall in den kommenden Jahren vermehrt auch anderen Medien wie Wandmalerei, Glasmalerei, Mosaikarbeiten, Tapisserien und Keramiken. 1952 heiratet Chagall die aus Russland stammende Valentina Brodsky, genannt Vava. Nach einem Besuch der Kathedrale von Chartres im selben Jahr setzt sich Chagall vermehrt mit der Glasmalerei auseinander. In seinen letzten Jahren werden zahlreiche Glasfenster nach seinen Entwürfen für Kirchen umgesetzt, unter anderem in Metz (1976), Zürich (1970 und 1978), Reims (1974) und Mainz (1978).

1955–1959 In der zweiten Hälfte der 1950er-Jahre werden Chagalls Werke in ganz Europa gezeigt. Wichtige Ausstellungen finden in der Kestner Gesellschaft

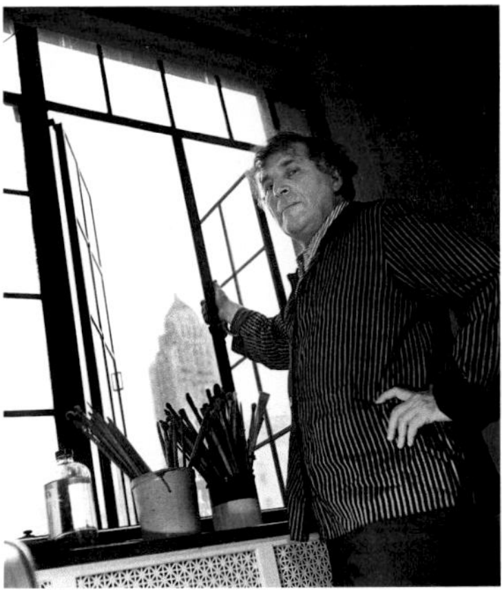

40 Marc Chagall in New York, 1951. Foto: Fred Stein, Fred Stein Archiv

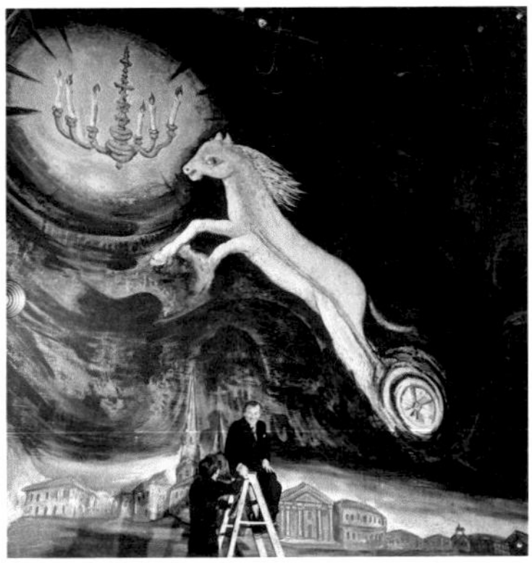

41 Chagall auf der Leiter vor dem Bühnenbild zur Szene IV von *Aleko*, Mexiko-Stadt, 1942. Archiv Marc und Ida Chagall, Paris

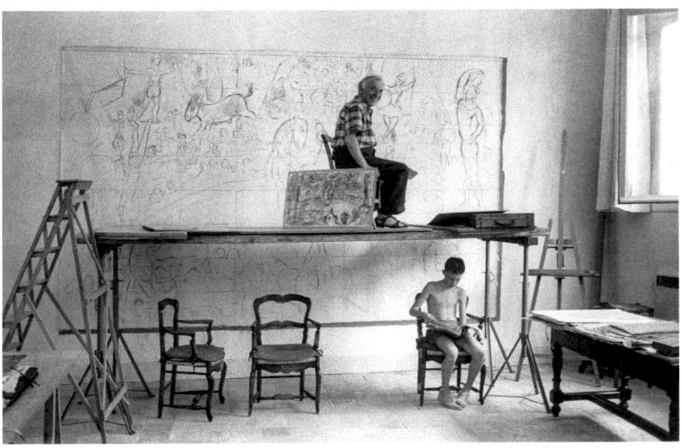

42 Marc Chagall bei der Arbeit an *Commedia dell'Arte*, 1958, mit seinem Sohn David, Les Collines, Vence. Archiv Marc und Ida Chagall, Paris

Hannover (1955), im Palais des Beaux-Arts in Brüssel (1957), im Haus der Kunst München (1959), im Kunstverein Hamburg (1959) und im Musée des Arts Décoratifs in Paris (1959) statt. 1958 beauftragt der Frankfurter Kulturdezernent Karl vom Rath Chagall mit dem Gemälde *Commedia dell'Arte* (42) für die Frankfurter Oper.

1960–1962 Für die Synagoge im Hadassah Hospital in Jerusalem entwirft Chagall zwölf Glasfenster (43). Die vollendeten Fenster werden zunächst in Paris und New York ausgestellt. Am 6. Februar 1962 werden die Fenster in Chagalls Anwesenheit in Jerusalem installiert.

1963–1965 Chagall wird von André Malraux mit dem Entwurf eines Deckengemäldes in der Opéra Garnier in Paris beauftragt (44). Das vollendete Gemälde wird im September 1964 enthüllt. Chagall und Vava ziehen ins benachbarte Saint-Paul-de-Vence. Durch Rudolf Bing, Direktor der Metropolitan Opera in New York, erhält Chagall den Auftrag für zwei monumentale Wandmalereien. Zudem entwirft er die Bühnenbilder und Kostüme für die Inszenierung der *Zauberflöte*.

1969–1973 1969 werden drei Wandteppiche und zwölf Mosaike, die Chagall für die Knesset in Jerusalem entworfen hat, feierlich eingeweiht. In Nizza wird der Grundstein für das Musée national du Message Biblique Marc-Chagall gelegt. Das Museum wird 1973 eröffnet.

1977 Anlässlich seines 90. Geburtstags ehrt das Musée du Louvre Chagall mit einer Einzelausstellung.

1985 Marc Chagall stirbt am 28. März 1985 im Alter von 97 Jahren in Saint-Paul-de-Vence.

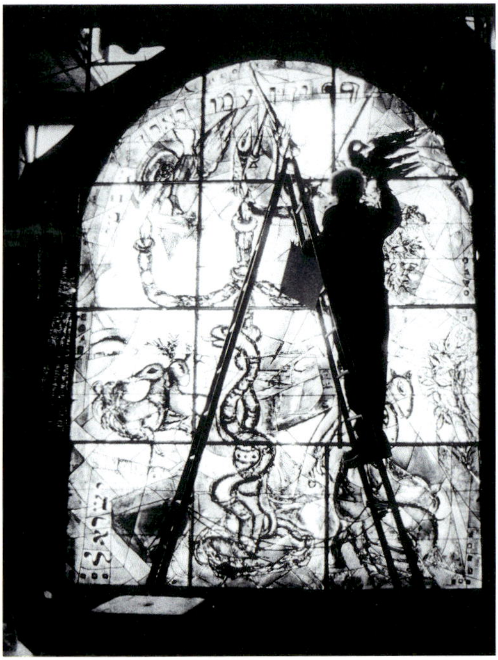

43 Marc Chagall bei der Arbeit am Glasfenster *Dans Stamm* für das Hadassah Hospital in Jerusalem, Atelier Simon, Reims, 1961. Archiv Marc und Ida Chagall, Paris, © IZIS – Manuel Bidermanas

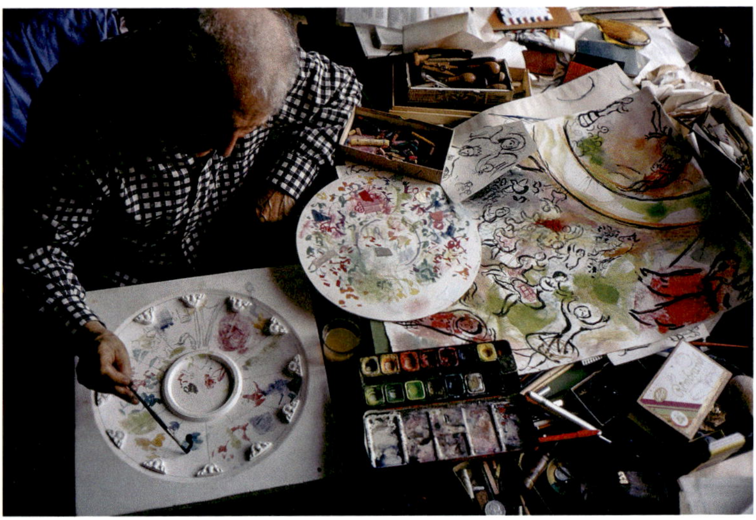

44 Chagall arbeitet an Modellen des Deckengemäldes für die Opéra Garnier in Paris, Vence, 1963. Archiv Marc und Ida Chagall, Paris, © IZIS – Manuel Bidermanas

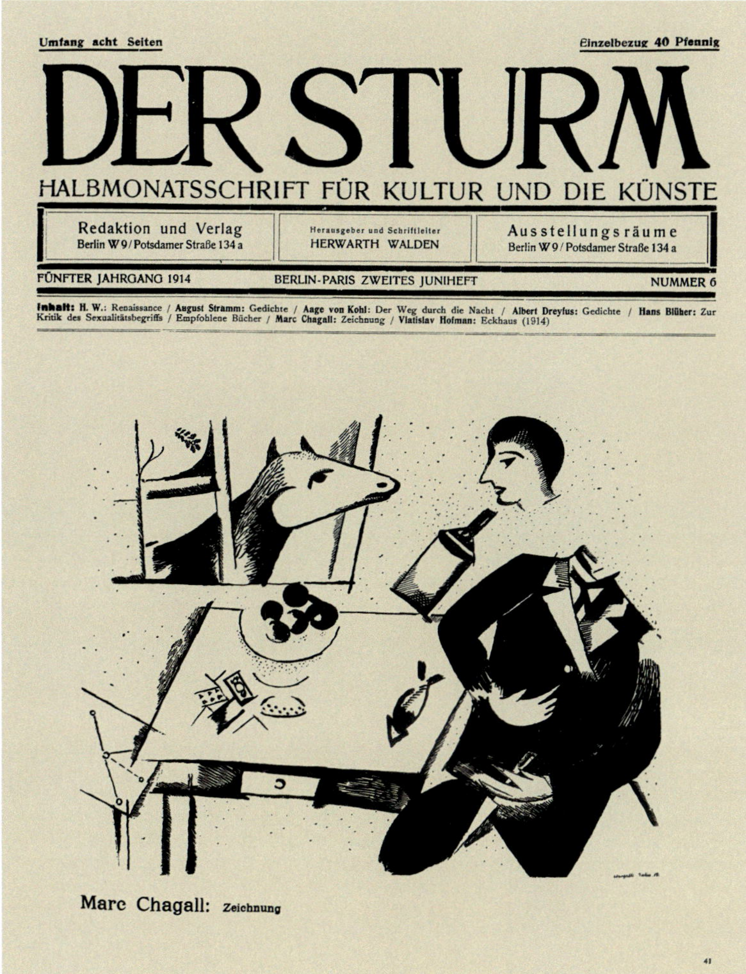

Umfang acht Seiten — Einzelbezug 40 Pfennig

DER STURM

HALBMONATSSCHRIFT FÜR KULTUR UND DIE KÜNSTE

Redaktion und Verlag
Berlin W 9 / Potsdamer Straße 134 a

Herausgeber und Schriftleiter
HERWARTH WALDEN

Ausstellungsräume
Berlin W 9 / Potsdamer Straße 134 a

FÜNFTER JAHRGANG 1914 — BERLIN-PARIS ZWEITES JUNIHEFT — NUMMER 6

Inhalt: **H. W.:** Renaissance / **August Stramm:** Gedichte / **Aage von Kohl:** Der Weg durch die Nacht / **Albert Dreyfus:** Gedichte / **Hans Blüher:** Zur Kritik des Sexualitätsbegriffs / Empfohlene Bücher / **Marc Chagall:** Zeichnung / **Vlatislav Hofman:** Eckhaus (1914)

Marc Chagall: Zeichnung

41

Der Sturm. Halbmonatsschrift für Kultur und die Künste, 1914, 5. Jg., Nr. 6, 2. Juni-Heft, Titelseite nach einer Zeichnung von Marc Chagall, Staatliche Museen zu Berlin, Kunstbibliothek

ARCHIV

Fotografien, Briefe, Dokumente
1933–1937

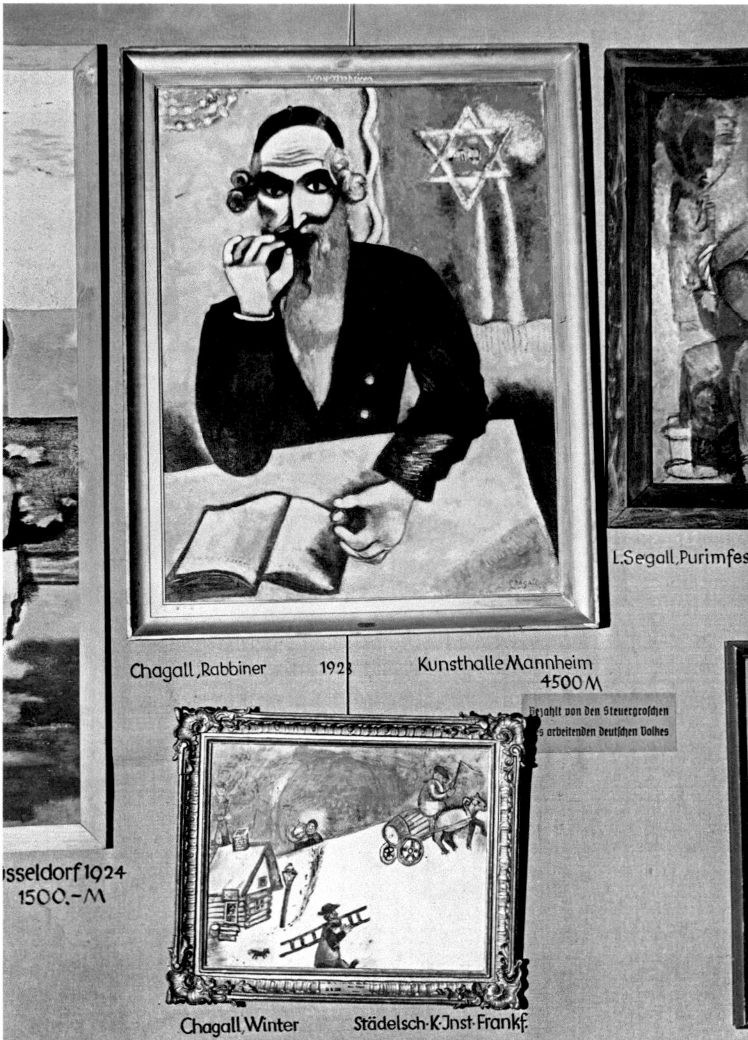

1

1 *Die Prise (Rabbiner)* in der Ausstellung »Entartete Kunst« im Galeriegebäude am Münchner Hofgarten, 1937. Zentralarchiv, Staatliche Museen zu Berlin

I

Das Gemälde Die Prise (Rabbiner), *das sich heute im Kunstmuseum Basel befindet, ist die Zweitfassung des 1912 entstandenen Werkes* Man sagt (Der Rabbiner). *1928 wurde die erstgenannte Arbeit vom damaligen Direktor der Kunsthalle Mannheim, Gustav Friedrich Hartlaub, erworben. Nur fünf Jahre später wurde das Bild zu einem Schlüsselwerk in der Ausstellung »Kulturbolschewistische Bilder«, die zu den ersten Femeausstellungen in NS-Deutschland gehörte. Dass mit »Kulturbolschewistische Bilder« eine der ersten Ausstellungen, in denen avantgardistische Kunst diffamiert wurde, ausgerechnet in Mannheim stattfand, ist angesichts der dortigen Regionalpolitik nicht verwunderlich. Bereits seit 1931 saßen die Nationalsozialisten im Stadtrat und begannen, die Arbeit der Mannheimer Kunsthalle systematisch zu attackieren. Am 20. März 1933 wurde Hartlaub aus seinem Amt entlassen. Nur wenige Tage später, am 4. April, wurde die Ausstellung »Kulturbolschewistische Bilder« in zwei Räumen im Obergeschoss der Kunsthalle eröffnet. Bereits einige Tage zuvor war das Gemälde* Die Prise (Rabbiner) *mit Hinweis auf seinen aus Sicht der Nationalsozialisten ungerechtfertigten Kaufpreis auf einem Wagen durch die Stadt gezogen worden. Später soll das Werk in einem Mannheimer Geschäft – eventuell auch mehreren – mit dem Hinweis »Steuerzahler, Du sollst wissen, wo Dein Geld geblieben ist« ausgestellt gewesen sein. Im Winter desselben Jahres wurde das Gemälde noch ein letztes Mal im europäischen Ausland gezeigt. Die Kunsthalle Basel präsentierte im November und Dezember eine umfassende Retrospektive von Chagalls Werken und erhielt* Die Prise (Rabbiner) *als Leihgabe. Das Gemälde durfte allerdings nur mit einem Verweis auf seine Präsentation in der Schau »Kulturbolschewistische Bilder« ausgestellt werden. Anfang 1937 wurde das Werk während der landesweiten Beschlagnahmeaktion »Entartete Kunst« aus der Sammlung der Kunsthalle Mannheim entfernt und unverzüglich nach München geschickt. Dort wurde es ab Mitte Juli in der gleichnamigen Ausstellung »Entartete Kunst« gezeigt, die bis 1941 noch durch weitere deutsche Städte tourte.*

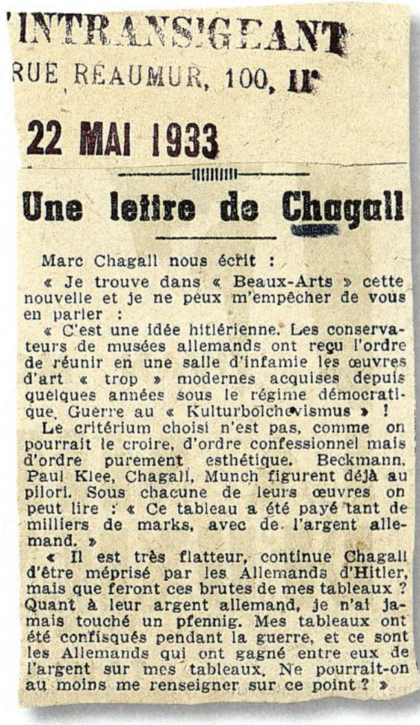

'INTRANSIGEANT
RUE REAUMUR, 100, II°

22 MAI 1933

Une lettre de Chagall

Marc Chagall nous écrit :

« Je trouve dans « Beaux-Arts » cette nouvelle et je ne peux m'empêcher de vous en parler :

« C'est une idée hitlérienne. Les conservateurs de musées allemands ont reçu l'ordre de réunir en une salle d'infamie les œuvres d'art « trop » modernes acquises depuis quelques années sous le régime démocratique. Guerre au « Kulturbolchevismus » !

Le critérium choisi n'est pas, comme on pourrait le croire, d'ordre confessionnel mais d'ordre purement esthétique. Beckmann, Paul Klee, Chagall, Munch figurent déjà au pilori. Sous chacune de leurs œuvres on peut lire : « Ce tableau a été payé tant de milliers de marks, avec de l'argent allemand. »

« Il est très flatteur, continue Chagall d'être méprisé par les Allemands d'Hitler, mais que feront ces brutes de mes tableaux ? Quant à leur argent allemand, je n'ai jamais touché un pfennig. Mes tableaux ont été confisqués pendant la guerre, et ce sont les Allemands qui ont gagné entre eux de l'argent sur mes tableaux. Ne pourrait-on au moins me renseigner sur ce point ? »

2

2

In vielen Untersuchungen zu den Femeausstellungen im nationalsozialistischen Deutschland wird intensiv auf die regionale und nationale Berichterstattung eingegangen. Wie im europäischen Ausland über die Ausstellung berichtet und geurteilt wurde und inwieweit sich die betroffenen Künstlerinnen und Künstler dort öffentlich zu Wort meldeten, wird eher selten betrachtet. Dass sich Marc Chagall, dessen Werk Die Prise (Rabbiner) *in Mannheim mit großer öffentlicher Wirksamkeit diffamiert wurde, zu den Angriffen in persönlichen Briefen äußerte, ist nicht verwunderlich. Im Mai 1933 wandte er sich schließlich an die Öffentlichkeit. Die eher konservative Zeitung* L'Intransigeant *(Der Kompromisslose) druckte einen Brief des Künstlers ab, in dem dieser über die Ereignisse in Mannheim berichtete. Dabei erfasste Chagall sehr prägnant die hinter den Ausstellungen stehende Strategie der Nationalsozialisten: »Das Kriterium ist nicht, wie man meinen könnte, konfessionell, sondern rein ästhetisch. Beckmann, Paul Klee, Chagall und Munch stehen bereits am Pranger. Unter jedem ihrer Werke steht: ›Dieses*

---

2 »Ein Brief von Chagall«, in: *L'Intransigeant*, 22. Mai 1933. Archiv Marc und Ida Chagall, Paris

Bild wurde mit soundsovieltausend Mark bezahlt.‹« Die Nennung des Ankaufspreises war fester Bestandteil der Diffamierung avantgardistischer Kunst. Bereits während der Ausstellung »Kulturbolschewistische Bilder« 1933 in Mannheim, aber auch bei der Präsentation »Entartete Kunst« wurden den gezeigten Arbeiten die Ankaufssummen beigegeben. Die Preise wurden dabei nicht an den aktuellen Kurs der Reichsmark angepasst, sodass insbesondere die während der Inflation gezahlten Preise exorbitant hoch erschienen. Mit der Nennung der Ankaufsummen sollte vor allem der Hass der Bevölkerung auf die »dekadente« Kunstpolitik der Weimarer Republik geschürt werden, die angeblich Unsummen für minderwertige Werke ausgegeben hatte. Chagall schrieb dazu: »Was ihr deutsches Geld angeht, so habe ich nie einen Pfennig erhalten. Meine Bilder wurden während des Krieges konfisziert und es waren die Deutschen, die untereinander Geld an meinen Bildern verdienten.« Dieser Kommentar spielt auf die Auseinandersetzung des Künstlers mit dem Galeristen Herwarth Walden an, der Chagalls Gemälde nach einer Ausstellung 1914 in seiner Galerie Der Sturm einbehielt und eigenmächtig weiterverkaufte.

3

Nicht nur Marc Chagall erfuhr von den Ereignissen in Mannheim. Bis nach Palästina drangen die Nachrichten über die Diffamierung seiner Kunst vor. Im September 1933 erhielt er einen Brief von Meïr Dizengoff, den Mitbegründer und Bürgermeister von Tel Aviv, den Chagall 1931 mit seiner Familie in Palästina besucht hatte. Dizengoff hatte in Tel Aviv die Gründung eines Kunstmuseums intensiv vorangetrieben und schrieb Chagall im Namen des Komitees: »Die Mitglieder unserer Museumskomitees haben mit Schmerz erfahren, dass Ihr Gemälde in Mannheim zerstört, dass es von einem panischen Nazi-Mob gegeißelt und öffentlich verbrannt wurde.« Die Nachricht, dass das Gemälde Die Prise (Rabbiner) *1933 in Mannheim verbrannt worden sei, findet sich in der internationalen Berichterstattung recht häufig, entspricht aber nicht den Tatsachen. Die Arbeit existiert bis heute im Kunstmuseum Basel. Tatsächlich lassen sich Verbrennungen von Kunstwerken im nationalsozialistischen Deutschland erst ab 1936 gesichert nachweisen. Dies schließt jedoch nicht aus, dass es auch zuvor bereits zu Verbrennungen kam. Dizengoff schrieb weiter: »Wir drücken Ihnen unser Mitgefühl für das aus, was Ihrem ›Rabbi‹ zugestoßen ist, aber gleichzeitig gratulieren wir Ihnen zu dieser Feuertaufe, die Sie in die Reihe der großen jüdischen Maler einreiht, die ein Recht auf Unsterblichkeit*

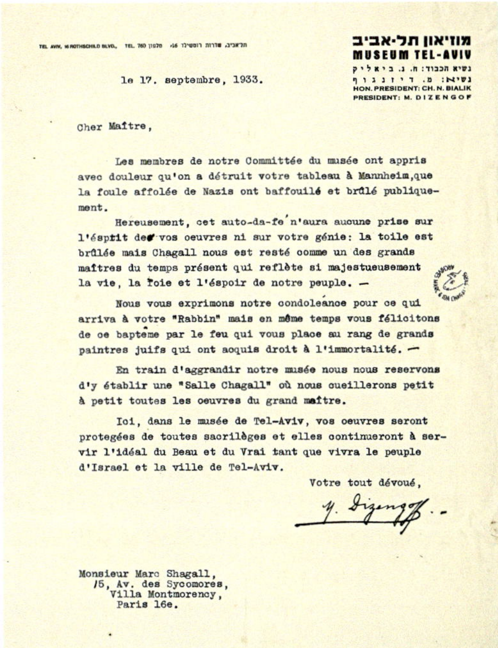

מוזיאון תל-אביב
MUSEUM TEL-AVIV
נשיא הכבוד: ח. נ. ביאליק
נשיא: מ. דיזנגוף
HON. PRESIDENT: CH. N. BIALIK
PRESIDENT: M. DIZENGOF

TEL AVIV, 16 ROTHSCHILD BLVD., TEL. 760

le 17. septembre, 1933.

Cher Maître,

Les membres de notre Committée du musée ont appris avec douleur qu'on a détruit votre tableau à Mannheim,que la foule affolée de Nazis ont baffouillé et brûlé publiquement.

Hereusement, cet auto-da-fe'n'aura aucune prise sur l'ésprit de vos oeuvres ni sur votre génie: la toile est brûlée mais Chagall nous est resté comme un des grands maîtres du temps présent qui reflète si majestueusement la vie, la Joie et l'éspoir de notre peuple. —

Nous vous exprimons notre condoleánce pour ce qui arriva à votre "Rabbin" mais en même temps vous félicitons de ce baptême par le feu qui vous place au rang de grands paintres juifs qui ont acquis droit à l'immortalité. —

En train d'aggrandir notre musée nous nous reservons d'y établir une "Salle Chagall" où nous cueillerons petit à petit toutes les oeuvres du grand maître.

Ici, dans le musée de Tel-Aviv, vos oeuvres seront protegées de toutes sacrilèges et elles continueront à servir l'idéal du Beau et du Vrai tant que vivra le peuple d'Israel et la ville de Tel-Aviv.

Votre tout dévoué,

M. Dizengoff.

Monsieur Marc Shagall,
15, Av. des Sycomores,
Villa Montmorency,
Paris 16e.

3

erworben haben.« Dieser Glückwunsch erscheint angesichts der Ereignisse fast zynisch, verweist aber auch auf die lange Historie antisemitischer Angriffe auf jüdische Künstlerinnen und Künstler, die nicht erst mit dem Regime der Nationalsozialisten ihren Anfang nahmen.

4

Das Schicksal von Die Prise (Rabbiner) *endete nicht 1937 mit der Ausstellung »Entartete Kunst« in München. Das Gemälde wurde bis zum Herbst 1938 noch auf den weiteren Stationen der Ausstellung in Berlin, Leipzig, Düsseldorf und Salzburg gezeigt. Anschließend wurde es nach Berlin geschickt. Dort hatte das Propagandaministerium im Sommer 1938 ein Depot im Schloss*

---

3 Brief von Meïr Dizengoff an Marc Chagall, 17. September 1933. Archiv Marc und Ida Chagall, Paris

4

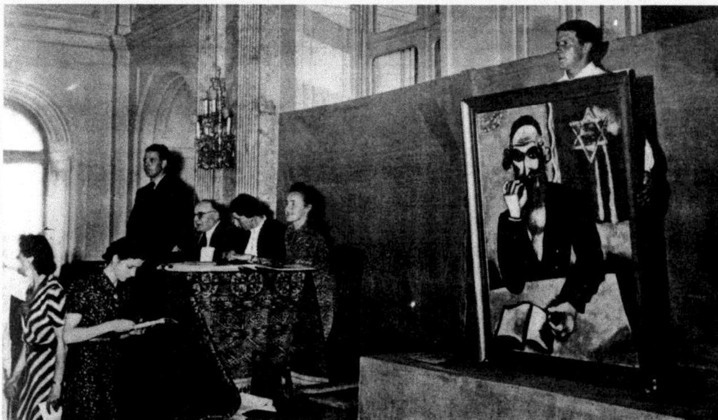

Niederschönhausen eingerichtet, in dem die »international verwertbaren« Arbeiten gesammelt wurden. Damit waren jene Werke gemeint, durch deren Verkauf ins Ausland Devisen für die deutsche Kriegswirtschaft erzielt werden konnten. Insgesamt ein Viertel der 16 500 beschlagnahmten Kunstwerke fiel in diese Kategorie. Mit dem Verkauf wurden die vier Kunsthändler Bernhard A. Böhmer, Hildebrand Gurlitt, Karl Buchholz und Ferdinand Möller, die über hervorragende internationale Kontakte verfügten, beauftragt. Verkauft wurden die Arbeiten an Museen und Privatpersonen im europäischen Ausland und in die Vereinigten Staaten. Neben den Direktverkäufen über die vier Kunsthändler organisierte die dem Propagandaministerium unterstellte »Kommission zur Verwertung der Produkte entarteter Kunst« eine Verkaufsaktion mit dem Luzerner Kunsthändler Theodor Fischer. Insgesamt 125 hochkarätige Werke wurden am 30. Juni 1939 in Luzern zum Kauf angeboten. Die Prise (Rabbiner) *wurde dabei von Georg Schmidt, Direktor des Kunstmuseums Basel, ersteigert. Schmidt sah die Auktion als eine einmalige Chance, »etwas nachzuholen, was unser museum in den beiden letzten jahrzehnten verschlafen hat«. Die Auktion wurde allerdings schon damals auch kritisch gesehen. So sprach sich der Kunstkritiker und Sammler Paul Westheim, der seit 1933 im Exil in Paris lebte, gegen die Auktion und für einen Boykott derselben aus.*

---

4 *Die Prise (Rabbiner)* auf der Versteigerung von Gemälden aus deutschen Sammlungen, Luzern, Juli 1939. Archiv Heinrich Hoffmann, Bayerische Staatsbibliothek

QUELLEN

78
79

BILDNACHWEIS

Die Vorlagen wurden freundlicherweise von den folgenden Museen und Sammlungen zur Verfügung gestellt:

Archives Marc et Ida Chagall, Paris, 2024: S. 60, 63 o., 65, 67 M., 67 u., 74, 76; 37, 46 (ADAGP, Paris, 2024); 63 u. (Thérèse Bonney)
Artothek: S. 28–29, 36; 20 (Peter Willi)
Bridgeman Images: S. 8, 23, 26, 34, 52, Umschlag; 44 (Ben Uri Collection); 55 (Photo: Collection Artedia)
bpk: S. 27, 50 (Alinari Archives/Alinari); 77 (Bayerische Staatsbibliothek/Archiv Heinrich Hoffmann); 49 (CNAC-MNAM); 19 (CNAC-MNAM/Jean-François Tomasian); 25, 47, 53 (CNAC-MNAM/Philippe Migeat); 24 (Filippo Tritto); 67 o. (Fred Stein/Fred Stein Archive); 54 (GrandPalaisRmn); 56–57 (GrandPalaisRmn/Adrien Didierjean); 38 (GrandPalaisRmn/Gérard Blot); 70 (Kunstbibliothek, SMB/Dietmar Katz); 33 (Kunsthalle Mannheim/Margita Wickenhäuser; 10 (Roman Beniaminson); 14, 40–41 (Scala); 31 (Sprengel Museum Hannover/Michael Herling/Benedikt Werner; 32 (SSK/Raphael Maaß); 16–17, 43 (The Art Institute of Chicago/Art Resource, NY); 22 (The Solomon R. Guggenheim Foundation/Art Resource, NY); 35 (The Jewish Museum of NY/Art Resource, NY); 72 (Zentralarchiv, SMB)
Izis – Manuel Bidermanas: S. 69 o., 69 u.
Kunsthaus Zürich, Geschenk von Karl G. Steiner, Max Kohler, Peter Walder und der Handelsbank in Zürich, 1973: S. 13
Kunsthaus Zürich, Geschenk Nachlass Ernst Göhner, 1973: S. 48
The Museum of Modern Art, New York/Scala, Florenz: S. 45

Trotz sorgfältiger Recherche war es nicht in allen Fällen möglich, die Rechteinhaber zu ermitteln. Berechtigte Ansprüche werden selbstverständlich im Rahmen der üblichen Vereinbarungen abgegolten.

QUELLEN

Das Zitat auf der Einbandrückseite stammt aus:

Marc Chagall. Sculpture, ceramics, etchings for the Fables of La Fontaine, hrsg. von der Curt Valentin Gallery, New York 1952

DANK

Die Autorin bedankt sich sehr herzlich bei Meret Meyer und allen Mitarbeiterinnen und Mitarbeitern der Archives Marc et Ida Chagall, Paris, für die Unterstützung.

Klinkhardt & Biermann Verlag
Lentnerweg 14
81927 München
Tel. +49 (0)89-93 93 37 56
info@klinkhardtundbiermann.de

Umschlagabbildung:
Landschaft in Blau (Detail), 1948, siehe S. 52
Doppelseite 2/3:
Über Witebsk (Detail), 1914, siehe S. 23
Doppelseite 4/5:
Der Geburtstag (Detail), 1915, siehe S. 26

www.klinkhardtundbiermann.de

—

LEKTORAT UND SATZ
Akademischer Verlagsservice Gunnar Musan

—

GESTALTUNG REIHENKONZEPT
Marion Blomeyer, Rainald Schwarz, München

—

LITHOGRAFIE
Reproline mediateam GmbH, München

—

DRUCK UND BINDUNG
Grafisches Centrum Cuno, Calbe

Die Deutsche Nationalbibliothek verzeichnet diese Publikation in der Deutschen Nationalbibliografie; detaillierte bibliografische Daten sind im Internet unter https://dnb.dnb.de abrufbar.

ISBN 978-3-943616-91-0

Printed in Germany

JUNGE KUNST

BISHER ERSCHIENEN

01 PAUL KLEE
02 PAUL GAUGUIN
03 VINCENT VAN GOGH
04 JOHANNES GRÜTZKE
05 YONGBO ZHAO
06 PAULA MODERSOHN-BECKER
07 AUGUST MACKE
08 FRANZ MARC
09 HEINRICH CAMPENDONK
10 EUGEN SCHÖNEBECK
11 EMIL NOLDE
12 MAX PECHSTEIN
13 WILLEM DE KOONING
14 PABLO PICASSO
15 LYONEL FEININGER
16 OTTO MODERSOHN
17 ALEXANDER ARCHIPENKO
18 HENRI MATISSE
19 WASSILY KANDINSKY
20 RICHARD GERSTL
21 KARL SCHMIDT-ROTTLUFF
22 GABRIELE MÜNTER
23 RUPPRECHT GEIGER
24 ERNST LUDWIG KIRCHNER
25 EGON SCHIELE
26 MAX BECKMANN
27 KOLOMAN MOSER
28 JOHANNES ITTEN
29 WERNER BERG
30 MARIANNE VON WEREFKIN
31 LÁSZLÓ MOHOLY-NAGY
32 HERMANN STENNER
33 ALFONS MUCHA
34 PETER AUGUST BÖCKSTIEGEL
35 FLORINE STETTHEIMER
36 HANS PURRMANN
37 PAUL CÉZANNE
38 CONRAD FELIXMÜLLER
39 GUSTAV KLIMT
40 AGNES PELTON
41 FRITZ WINTER
42 KÄTHE KOLLWITZ
43 FRIDA KAHLO
44 MARC CHAGALL
45 EDGAR DEGAS

Die historische Reihe *Junge Kunst* erschien von 1919 bis 1933 mit 62 Bänden im Klinkhardt & Biermann Verlag (gegründet 1907).
Seit 2012 wird die *Junge Kunst* überarbeitet neu aufgelegt und fortgesetzt.

WWW.KLINKHARDTUNDBIERMANN.DE